등교거부 학생을 위한

학업중단숙려제
상담 프로그램

| 류남애 · 유순화 공저 |

학지사

| 머리말 |

학교는 청소년에게 가장 튼튼한 사회적 울타리이자 보호망이라 할 수 있다. 청소년은 하루의 대부분을 학교에서 보내며, 구성원과의 상호작용 속에서 미래를 살아가는 데 필요한 여러 가지 요소를 채워 나간다. 학교에서의 다양한 경험을 통해 사회에서 필요한 지식과 가치를 배우며, 보다 건강한 사회적 삶을 위한 기본 자질을 갖추게 된다. 이처럼 적응적인 학교생활은 청소년의 건강한 사회화를 위한 필수적인 요소이지만, 모든 청소년이 학교에 적응을 잘하거나 무난하게 졸업하는 것은 아니다.

우리나라의 공식적인 학업중단율은 1% 전후 수준이다. 그러나 이미 학교 밖으로 나간 학생들까지 고려하면 2013년 현재 누적된 학교 밖 청소년은 약 28만 명으로, 전체 학령기 청소년의 4% 정도에 해당한다고 한다. 이들은 대부분 낮은 학력에 머무르며, 비행에 노출되는 등 건강한 사회인과는 거리가 먼 생활을 지속하게 된다. 이들을 위해 우리 사회가 부담해야 할 비용이 26조 원에 이를 것으로 추정된다 하니, 청소년의 학업중단이 개인적으로나 사회적으로 얼마나 큰 손실인지 짐작해 볼 수 있다. 일단 학업중단이 발생하면 정상적인 생활이나 학교로의 복귀가 어려워지므로, 사전에 개입하여 학업중단을 예방하는 것이 중요하다.

한번 학교에 다니지 않기로 마음먹거나 실제로 결석을 실행에 옮긴 학생들은 자신이 원하는 결과를 얻을 때까지 지속적으로 노력한다. 계속 결석을 시도하거나 등교를 한다 해도 교실이나 학교를 벗어나 시간을 보낸다. 이러한 행동은 담임교사와 주변 학생들에게 부정적인 영향을 미친다. 가정에서도 여러 문제를 일으키며 부모와 갈등을 겪는다. 실제로 자녀가 학교에 다니지 않겠다고 하면, 부모는 심각한 불안과 우울을 경험하며, 심한 경우 가정이 붕괴되기도 한다. 결석이 반복될수록 일반적인 학생의 생활에서 멀어지기 때문에 대부분은 시간이 갈수록 상태가 더 악화된다. 그러므로 이러한 학생에게는 조기에 체계적으로 개입하여 2차, 3차의 문제가 발생하지 않도록 예방하는 것이 무엇보다 중요하다.

저자들은 다년간 전문상담교사로 근무하며 학교에 오지 않으려는 학생들을 어떻게 효과적으로 상담해야 할지 고민해 왔다. 그리고 이들을 위한 개입 매뉴얼의 필요성을 절감하여 이 책을 집필하게 되었다. 또한 저자들은 학업중단이 많이 발생하는 학교들을 방문하였는데, 많은 현장의 학교상담자들이 등교거부 학생을 상담하기 위한 더 구체적인 상담 절차와 세부적인 운영 매뉴얼의 필요성을 호소하였다. 이 책은 이러한 요구에 따라 학교상담자가 학업중단을 원하는 학생에게 더욱 효과적으로 접근할 수 있도록 개발된 프로그램을 제공하고 있다.

제1부에서는 등교거부 학생의 특성을 제시하고, 현재 이들을 위해 시행되고 있는 학업중단숙려제를 설명하였으며, 제2부에서는 등교거부 학생을 상담하기 위한 실제 프로그램을 제시하였다. 또한 상담에 유용한 각종 활동지를 부록에 담았다. 이 프로그램은 다수의 학교상담자가 학교현장에서 실시하고 피드백해 준 내용을 바탕으로 여러 번의 수정과 검증 과정을 거쳐 책으로 나오게 되었다. 여기에 제시된 다양한 프로그램이 노력하는 학교상담자들과 학업중단의 위기를 겪고 있는 학생들에게 도움이 되어 서로의 마음을 이어 주고, 새로운 문제해결 방법을 찾아내게 하는 촉매제 역할을 하였으면 하는 바람이다.

끝으로 이 책의 출판을 도와주신 학지사 김진환 사장님, 김은석 부장님, 편집을 맡아 주신 오수영 선생님과 프로그램이 완성되기까지 실시하고 피드백하며 도와주신 학교상담자들께 감사드린다.

2016년 1월
저자 류남애, 유순화

| 차 례 |

등교거부 학생들과 학업중단숙려제

우 리나라에서 기본적으로 갖추어야 할 학력은 어디까지일까? 다양한 의견이 있을 수 있지만, 국민공통교육과정이 고등학교 1학년까지 해당하므로 아마도 고등학교 졸업까지를 기본적 학력이라 보아야 할 것이다. 학교는 학력을 갖출 수 있다는 의미에서도 중요하지만, '학교'라는 울타리 안에서 시간을 보내며 다양한 '경험'을 얻을 수 있다는 측면에서도 중요한 의미가 있다.

그런데 학교에 다니지 않으려 하는 아이들이 있다. 물론 학교라는 곳이 매일 즐거운 곳이 아닌 것은 확실하기 때문에 누구나 한두 번쯤은 학교에 가기 싫을 때가 있으며 때로는 학교로부터의 이탈을 꿈꾸기도 한다. 하지만 실제로 행동에 옮기기 쉬운 일은 아니다. 대부분의 학생은 이탈과 중단의 고비들을 스스로의 힘으로, 또는 주변의 도움으로 넘기고 학교를 졸업하게 된다. 그러나 등교를 거부하는 학생들은 이러한 고비에서 실제로 학교이탈을 실행하는 학생들이다.

중요한 점은 그 실행 자체가 그들에게 아주 큰 경험이 될 수 있으며, 그 누적 경험 끝에는 학교를 그만두는 학업중단이 기다리고 있다는 것이다. 학업중단은 개인적으로나 가정적·사회적으로 큰 파장을 일으키는 사건이다. 그러므로 학생들이 이러한 과정까지 가지 않도록 사전에 예방하는 것이 필요하다.

이 장에서는 등교거부 학생들에게 어떠한 특성이 있으며 그들을 돕기 위해서는 어떤 준비를 해야 하는지에 대해 살펴보기로 한다.

1. 등교거부 학생들

등교거부의 개념에 대해서는 다양한 견해가 제시되고 있다. 먼저 사전적 의미를 살펴보면, 등교거부는 '본인의 심리적 이유 때문에 등교를 거부한 상태(두산

백과사전, 2013)'주로 심리적 원인으로 학교에 가는 것을 싫어하는 것(국립특수교육원, 2009)'으로 정의되고 있다.

등교거부는 1930년대 미국 정신과 의사들의 연구에서 유래하였으며, 처음에는 병리적 현상의 하나로 받아들여졌다. 1941년 Johnson 등이 「학교공포증(school-phobia)」이라는 논문을 발표한 후 이 용어가 사용되다가, 등교거부 문제가 공포증은 아니라는 비판을 받아 '학교거부''학교혐오'라는 명칭이 사용되기도 하였다. 1960년대에 Hersov(1960)가 아동이 학교에 가지 않으려는 이유에는 개인차가 있으므로 당시 사용하던 '학교공포증'이라는 용어 대신 '등교거부(school-refusal)'라는 더 포괄적인 용어를 사용할 것을 제안한 이후 현재까지 이 용어가 많이 사용되고 있다(이경호, 2011; 이소희, 노경선, 김창기, 고복자, 2000).

Kearney와 Silverman(1996)은 아동이나 청소년이 스스로 학교에 다니는 것을 거부하거나 종일 수업하는 것을 힘들어하는 것, 그리고 이 두 가지를 모두 포함하는 것을 등교거부 행동으로 정의하였다. 여기에는 학교에 결석하는 것뿐 아니라 학교에 가는 날 아침이 되면 기분이 나빠지거나 신체적인 고통을 호소하고, 문제행동을 일으키는 것까지도 포함된다. 이후 Kearney(2001)는 등교거부를 구체적으로 정의하였다. 학교에 완전히 결석하기, 학교에 등교는 하지만 수업에 빠지는 등 학교에서 일정 시간 벗어나기, 아침에 울화 · 공격 · 도망 등 심각한 나쁜 행동을 보이면서 등교하기, 부모나 타인에게 앞으로의 결석에 대해 미리 변명하기의 네 가지 등교 특징 중 한 가지 이상이 결합되어 나타나는 5~17세 아동의 행동을 등교거부라고 하였다. 또한 장기간에 걸쳐 학교에 결석하는 것은 물론 학교에 출석하더라도 수동적인 태도를 보이고, 수업시간에 자주 빠지는 것까지도 포함하는 포괄적인 개념으로 정의하였다.

일본에서는 1950년 후반부터 등교거부 관련 연구가 진행되었다. 초기에는 미국의 학교공포증 연구의 영향으로 '학교공포증''신경증적 등교거부'라는 명칭이 쓰였다. 1966년 일본의 문부과학성이 학교 기본조사 중에서 '학교혐오'라는 명칭으로 등교거부 문제에 대해 조사하기 시작했으며, 1999년부터는 '부등교'라는 명칭으로 학령기 아동이나 학생이 30일 이상 결석하는 경우를 조사하고 있다(이

경호, 2011). 현재 일본은 '부등교'라는 용어를 사용하고 있으며, '심리적, 정서적, 신체적 혹은 사회적 요인과 배경에 의하여 아동, 학생이 등교하지 않거나 등교하고 싶어도 갈 수 없어 등교하지 않는 것(단, 질병이나 경제적 이유에 의한 것은 제외)'으로 규정하고 있다(日本文部科學省, 2009).

국내 연구에서는 학교에 등교하지 않고 있는 학생들의 사례를 대부분 등교거부라고 정의하고 있으나 이는 다른 용어와 혼재되어 사용되기도 한다. 정종식(1994)은 학교거부증이라는 용어를 사용하면서 이는 노골적인 등교거부로 나타나는 경우와 두통, 복통 등의 증상 호소로 학교에 갈 수 없는 경우를 모두 포함한다고 보았다. 정성경(1997)은 질병이나 상고 등의 타당한 이유가 아니면서 결석과 지각, 조퇴, 결과 등이 잦아 학교생활이 안정적이지 못한 상태를 등교태만이라고 정의하였다. 한영희와 조아미(2008)는 부모에게 알리지 않거나 허락을 받지 않고 학교에 가지 않는 것을 의미하는 용어로 무단결석을 사용하였고, 학교결석과 등교거부, 무단결석의 개념을 포괄적 정도에 따라 포함 관계(학교결석>등교거부>무단결석)로 개념화하였다. 신성민(2011)은 학령기 아동, 학생이 학교에 가지 않고 있는 것을 부등교로 정의하며 이를 등교거부보다 포괄적이고 넓은 의미로 보았다. 이와 같이 학교거부증, 등교태만, 무단결석, 부등교 등의 용어들은 모두 학교에 출석해야 하는 날에 결석하는 것을 의미하나 각 용어에 따라 약간의 차이가 있음을 알 수 있다.

또한 등교거부라는 동일한 용어를 사용하는 경우에도 아직 합의된 정의가 없어 연구자의 연구 방향에 따라 그 의미에 다소 차이가 있다. 조철희(1988)는 학교에 가야 한다고 생각하면서도 계속적 또는 간헐적으로 결석하는 상태가 등교거부이며 구체적으로는 비행, 태만, 가정형편, 심신장애 등에 의한 결석과 구분된다고 정의하였다. 한영희와 조아미(2008)는 학교에 알리지 않고 출석하지 않는 것은 물론 부모나 교사에게 알렸더라도 본인의 주관적인 판단에 따라 결석하고 지각하는 것을 등교거부의 개념으로 보았다. 한홍석(1984)은 출석일수 10% 이상의 결석 중 질병이나 지적 장애, 신체적 장애 및 가사로 인한 원인을 제외한 것을 등교거부라고 정의하였다.

이 밖에도 등교거부는 학교에 가야 한다는 것을 알지만 심리적인 이유로 가기 싫기 때문에 가지 않거나 가고 싶더라도 어떠한 이유로 가지 못하고 결석이 거듭 되는 경우(전찬성, 2011), 부모가 열심히 등교시키려고 노력하지만 학생이 여러 가지 이유로 그것을 거부하는 상태로 학생 자신 또한 등교해야 하는 것을 충분히 인식하고는 있지만 등교가 불가능한 경우(박귀연, 1986), 학생이 학교에 가려고 가방을 들고 집에서 나왔지만 학교에 가지 않고 다른 곳에서 시간을 보내다가 하교 시간이 되면 집에 들어가서 학교에 간 것처럼 행동한 경험이 한 번이라도 있는 경우(탁수연, 1997) 등으로 정의되고 있다.

이상의 내용을 바탕으로 이 책에서는 등교거부를 '질병이나 공적인 이유가 아니면서 학교결석이 연속되는 상태'로 정의하고자 한다. 즉, 학생이 학교에 가야 한다는 것을 인식하고 있으면서도 다양한 원인으로 학교에 가지 않거나 학교에 가지 못하는 상태를 말한다. 또한 이 프로그램의 구체적 대상자는 학교에서 무단 결석으로 집계되고 있는 학생이다. 우리나라 학교 장면에서 결석의 종류는 질병 결, 무단결, 기타결(개인 자격증 시험 및 학적 규정에 의한 결석), 공결(상고 및 학교를 대표하여 각종 대회, 학교에서 추진하는 공적인 행사에 참석하는 결석)로 한정되어 있다. 등교거부 학생은 무단결석으로 분류되고 있기 때문에 학교상담자가 등교 거부와 무단결석을 가려내는 데 어려움이 있는데, 넓은 의미로 무단결석이 등교 거부에 포함되는 것(Kearney, 2007)으로 볼 수 있기 때문이다.

2. 등교거부의 원인과 유형

1) 등교거부의 원인

등교거부는 학생 개인의 내적 원인뿐 아니라 가족, 교우, 학교 등 복잡하고 다양한 원인에 의해 나타나며, 다른 학교 문제들에 비해 매우 복합적인 양상을 보인다(한영희, 2008). 아동기의 경우 대개 분리불안이 원인이 되어 등교거부가 발생하지만, 청소년기의 등교거부는 더 복잡한 과정 속에서 발생하고 진행된다. 즉, 우울증, 품행장애 및 비행, 청소년기 반항과 정체성 장애, 경계선적 성격장애, 정신분열증 등 복잡하고 다양한 요인이 단독 혹은 혼재되어 청소년 시기의 등교거부에 영향을 미친다(신성민, 2011; 한국청소년연구원, 1992).

선행 연구를 바탕으로 등교거부의 원인을 가정 요인, 학교 요인, 교우관계 요인, 개인 심리 요인 등 크게 네 가지로 나누어 제시하면 다음과 같다.

첫째, 등교거부의 원인이 되는 가정 요인으로는 가족의 구조, 가족 간의 관계, 가정생활의 변화 등이 파악되고 있다. 박귀연(1986)은 등교거부 학생이 일반 학생보다 가족관계가 원만하지 못하거나 부모에 대해서 편견이나 적대감정을 지니고 있었다고 보고하였다. 김유숙(1993)은 등교거부 경향성이 있는 학생의 가족은 부모와 자녀의 관계가 융합되어 있었으며, 세대 간의 경계가 애매하고 부모의 과잉보호가 있다고 보고하였다. Kearney와 Wendy(1995)는 가족관계가 등교거부에 큰 영향을 미치는 원인이라고 주장하면서, 등교를 거부하는 청소년은 부모와 자녀의 관계에서 매우 갈등적이고 불안정한 관계가 형성되어 있다고 주장하였다. 탁수연(1997)의 연구에서는 등교거부 학생의 경우 결손 가정이 많으며 부모의 훈육 태도가 엄격하고 아동과 부모가 신뢰깊은 관계를 형성하지 못한 것으로 나타났다. 유성오(2010)는 부모의 양육태도가 긍정적일수록 고등학생의 자기효능감이 높아지고 등교거부 경향성은 줄어든다고 보고하였다. 주덕제(1997)는 부모의 과보호와 기대, 간섭이 등교거부에 큰 영향을 주며, 특히 가족 간의 공감대가 형성되지 않아 의사소통이 거의 없거나 갈등이 있는 경우, 부모와 동거하지 않거나 형제·자매가 적은 경우에도 등교거부 경향성이 높아진다고 하였다. 박현숙(2004)의 연구에서는 일반 학생의 부모 지지가 등교거부를 경험한 학생의 경우보다 유의미하게 높은 것으로 나타났다.

둘째, 학교 요인으로는 학업, 교사와의 관계 및 학교 체제에 대한 저항 등이 등교거부의 원인으로 파악되고 있다. 등교거부 학생의 학업에 관하여 논의한 연구들을 살펴보면, 안동현(1991)은 학습부진 학생들이 모두 등교거부를 나타내는 것은 아니지만 등교거부의 원인 중 이들이 차지하는 비중이 매우 크다고 하였다.

류방란(2007)의 연구에서는 학습부적응이 학교와 수업에 무단으로 빠지는 행동에 가장 많은 영향을 준다고 보고하고 있다. 한영희와 조아미(2008)의 연구에서도 학업성취 수준이 낮은 학생들이 등교거부 성향이 높은 것으로 나타났다. 교사와의 관계도 등교거부의 원인으로 작용할 수 있다. 학생들을 직접적으로 지도하는 교사와 학생의 관계는 매우 중요한 관계 중 하나다. 학생은 교사와의 관계에서 관심을 받지 못할 때 우울하고 허탈하고 무시당한다는 생각을 하고, 공부하기 싫어지며, 학교가는 것을 싫어하게 된다(박지현, 2009). 등교거부 학생의 경우 학교를 싫어하면서 선생님과 가까이 지내지 못하고, 수업 시간에 발표하는 것을 두려워하며, 교사와의 관계에서 무서움과 회피, 불신감을 더 많이 느낀다(박현숙, 2004; 한홍석, 1984). Elliott(1999)은 교사가 학생을 지지해 주지 않는 것이 학업중단의 원인이 되며, 교사와의 관계가 긍정적이고 지지적일 경우 학생의 학업중단율이 현저하게 낮아진다고 하였다. 조아미(2002)의 연구에서도 청소년의 학업중단 결정 요인으로 교사 요인이 제시되고 있다. 이 밖에 등교거부에 영향을 미칠 수 있는 학교 요인으로는 학교 풍토, 학교 규모, 교사와 다른 학생들 · 교장의 태도, 학생들의 다양한 문화와 학습 스타일에 대한 경직성, 상습적인 무단결석에 대한 일관성 없는 조치 등(Baker, Sigmon, & Nugent, 2001)이 있다.

셋째, 교우관계 요인으로는 원만하지 못한 대인관계, 내향적인 경향성, 고립감 등이 제시되고 있다. 등교거부 학생의 경우 비사교적이며 내향적인 경향이 있어 대인관계가 원만하지 못하고 고립되는 경향이 있다(주덕제, 1997). 등교거부 학생 중에는 학교에서 얌전하고 장난을 하지 않고 학습 면에서도 문제가 없으며 친구들로부터 호감을 받는 학생도 있다. 그러나 실제로는 친구의 마음을 너무 배려하여 자기 주장을 하지 않아 결과적으로 수동적이 되는 경우가 많다. 따라서 친구관계에 있어 수동적이고 의존적이기 때문에 밀도 높은 친구관계를 맺지 못한다(박경숙, 1999). 등교거부 학생은 교우관계에서 소외감을 느끼고, 스스로 인기가 없다고 생각하는 경향이 있다(박지현, 2009). 이로 인해 학교 내에서 스스로 고립되거나 교우관계를 제대로 맺지 못하는 경우가 많다(박영배, 1987). 특히 고등학생 등교거부 성향 청소년은 학교에 대한 불만보다 친구관계에서의 문제가 더 크다는 연구 결과(한영희, 2008)도 있다.

넷째, 개인 심리 요인으로 등교거부 학생들은 불안, 우울 등 정서적 어려움이 있는 경우가 많다. 박귀연(1986)의 연구에서 등교거부 학생들은 대응성, 적응성, 명랑성, 정서적 안정성에서 모두 일반 학생보다 유의미하게 낮은 것으로 나타났다. 등교거부 경향성이 높은 학생들은 대인예민성과 정서적 불안이 높았으며 사회성의 결여를 보였다(백운학, 1981; 이소희 외, 2000; 한영희, 2008). 다른 사람과 함께 있으면 불편함을 느끼기 때문에 혼자 고립되어 있으며, 우울 성향이 있다. 또한 신경증적인 증상을 많이 가지고 있으며 비현실적이고 확대된 자기상을 가지고 있어 정서적으로 불안한 경우가 많다(박현숙, 2004). 자신감과 유능감이 저하되어 등교거부가 계속적으로 이어지며, 학교와 관련된 스트레스가 높았다(최종혁, 이태경, 최지은, 2001). 배영태(2003)는 중도탈락생 및 등교거부 학생은 보복행동, 부모와의 갈등, 부정적인 교사에 대한 태도, 불량 교우관계, 비행, 부적절한 성행동, 수업태도 불량 등의 문제들이 많으며 언어 및 신체적 공격성, 불복종, 짜증, 자기상해, 반항적인 특성을 보인다고 보고하였다.

이상과 같이 등교거부 행동은 부모와의 관계 및 가정 기능과 관련된 가정 요인, 교사와의 관계를 포함한 학교 요인, 원만하지 않은 교우관계 요인, 학생들의 정신건강 및 성격적인 측면과 관련된 개인 심리 요인 등에 의해 영향을 받는다. 이러한 관련 요인들은 개별적으로 작용하기도 하지만 많은 경우 결합되어서 나타나며(한영희, 2008), 어떤 한 요인이 결정적이라고 말하기는 어려운 면이 있다. 예컨대, Malcolm, Wilson, Davidson과 Kirk(2003)는 등교거부 원인에 대해 부모와 자녀는 학교와 관련된 스트레스 요인을 주요 원인으로 보지만, 교사들은 오히려 부모의 태도와 가정환경이 더 많은 영향을 미치는 것으로 생각한다고 하였다. 이것은 등교거부를 어떤 입장에서 바라보느냐에 따라 원인에 대한 인식이 상반되게 나타나므로 어떤 핵심적인 원인을 파악하여 등교거부의 문제에 접근하는 것은 어려움이 따른다는 것을 말해 준다.

2) 등교거부의 유형과 형태

등교거부는 다양한 원인에 의해 나타나며 복합적인 양상으로 진행된다. 등교
거부의 유형 및 형태를 살펴보면 다음과 같다.

Kearney와 Silverman(1996)은 등교거부의 유형을 네 가지로 제시하였다. 첫
째, 학교 체제에 대한 특별한 공포감이라든지 일반적인 과도한 불안감을 회피하
려는 것으로, 이는 학교에서 겪는 한 가지 이상의 특정한 일들에 대한 공포를 포
함한다. 둘째, 혐오감을 주는 사회 상황에서 벗어나려 하는 것으로, 이는 학생이
나 담임과의 부정적인 관계에 대한 문제와 연관된다. 셋째, 주목받으려 하는 행
동 혹은 분리불안 행동으로, 신체적 증상 호소나 분노 발작의 형태로 나타난다.
넷째는 학교 밖에서 얻는 보상적인 경험들이 주는 강화에 의한 것이다.

등교거부는 청소년의 이상심리나 정신장애의 진단기준을 중심으로 유형화해
볼 수 있다. DSM-Ⅳ(Diagnostic and Statistical manual of Mental disorders-Ⅳ)
에서 등교거부나 무단결석과 관련된 장애는 품행장애, 반사회성 성격장애, 분리
불안장애, 경계선 인격장애 등이 있다. 품행장애의 진단준거에는 "13세 이전에
무단결석을 자주 하는 것"이 있다. 반사회성 성격장애의 진단준거에는 "흔히 아
동기나 청소년기부터 폭력, 거짓말, 절도, 결석이나 가출 등 문제행동을 나타낸
다."라는 항목이 있다. 분리불안장애에서는 "9~12세 아동은 분리 자체로 고통
을 겪으며 두통이나 복통 등 신체적 고통을 호소하고, 13~16세 아동들은 등교
거부를 보인다."라고 설명되어 있다. 경계선 인격장애에서는 부수적 특징으로
목표가 실현되려는 순간에 자신을 손상시키는 예시로 졸업을 앞두고 학교를 그
만두는 행동을 들고 있다(American Psychiatric Association, 1995).

Bernstein(1991)은 등교거부군을 정서·행동문제와 관련하여 네 그룹으로 나
누었다. 첫째, 불안장애만 있는 집단이다. 이는 등교거부의 원인이 분리불안, 과
잉불안 등의 불안이 주가 되는 집단으로 우울장애는 보이지 않는다. 둘째, 우울
장애만 있는 집단이다. 주요 우울장애, 기분부진장애 등 우울장애가 원인이 되어
등교거부 행동이 일어나는 집단이다. 셋째, 불안장애와 우울장애를 동반하는 집

단이다. 이들은 분리불안 등의 불안장애와 기분부진 등의 우울장애가 동시에 나타난다. 마지막 집단은 불안장애나 우울장애가 없는 집단으로, 등교거부 행동을 나타내고 있으나 불안장애나 우울장애가 원인이 아닌 집단이 해당된다.

일본 문부과학성(2006)은 등교거부 상태가 된 직접적인 계기와 원인을 바탕으로 등교거부 행동을 일곱 가지 유형으로 분류하였다. 첫째, 불안 등 정서적 혼란형은 학교에 가려고 노력하지만 불안·긴장과 정서적 혼란 때문에 가지 않고 괴로워하는 경우다. 둘째, 복합형은 결석이 장기화되고 그 상태가 진행되어 가는 과정에서 불안 등의 정서적 혼란형에 빠져 무기력형이나 놀이형·비행형으로 변화되기도 하며, 무기력과 다른 형이 복합되어 행동하는 경향을 나타내는 등 다양한 변화를 보이는 경우다. 셋째, 무기력형은 학습 의욕이 결여되어 있고 무기력한 생활태도를 지속하는 학생이 결석을 되풀이하는 경우다. 넷째, 학교생활에 기인하는 형은 학교생활이나 교실 등 학습의 장에서 생긴 일이나 체험 등이 원인이 된 경우다. 다섯째, 의도적인 거부형은 학교생활의 의의를 인정하지 않고 독자적인 생각에서 진로를 변경하거나 변경하고 싶어 등교를 거부하는 것이다. 여섯째, 놀이형·비행형은 학교를 쉬고서 놀기만 하거나 생활태도가 문란해졌다든지 학교생활보다는 학교 밖에서의 놀이 등에 관심을 갖고 학교에 가지 않는 경우다. 일곱째, 기타 어느 경우에도 속하지 않는 형태는 앞에서 제시한 여섯 가지 유형 어느 곳에도 포함되지 않는 유형이다.

류남애와 유순화(2012)는 전문계 고등학생의 등교거부 원인을 Q방법론적 분석을 통해 다섯 가지 유형으로 나누었다. 제1유형은 학교 밖이 즐거운 재미추구형이다. 이 학생들은 학교생활에서 재미를 느끼지 못하고 학교 밖의 활동이나 재미있는 것에 더 많은 흥미와 관심을 나타낸다. 제2유형은 규칙과 제도에 대한 적응이 어려운 교사 갈등형이다. 이들은 학교의 규칙과 제약들에 대해 어려움을 겪으며, 한 명 또는 다수의 교사와 갈등이 있다. 학교에서 학생들에게 요구하는 규칙과 제약들을 답답해하며, 꾸중이나 지적을 많이 하는 교사와의 마찰과 갈등이 두드러지게 나타난다. 제3유형은 의욕이 부족한 무기력형이다. 이 유형에 속하는 학생들은 의욕부진과 무기력을 보이며, 등교를 앞두고 신체화 증상이 나타나기도 한다. 제4유형은 가정적 어려움을 지닌 가족 문제형이다. 이 유형에 속하는 학생들은 부모의 결손, 가족 간의 불화 등 가정에서의 어려움이 등교거부의 주된 원인으로 나타나는 학생들이다. 제5유형은 학업 문제가 있는 제도권 교육 불만 형이다. 이들은 학업에 어려움을 겪고 있으며, 현재의 제도권 교육에 대한 불만 으로 학교에 다니는 것을 어려워하는 학생들이다.

3. 등교거부 학생을 위한 학교상담자의 역할

학교상담자는 학생과 가장 가까운 거리에 있는 상담전문가 집단이다. 학교상 담자는 학생의 문제를 가장 먼저 인지하고 개입하며 더 이상의 진행을 막아 학생 이 정상적인 학교생활을 하도록 돕는 역할을 한다. 그러나 한 명의 상담자가 전 체 학교 구성원을 담당해야 하는 현재의 시스템에서는 여러 가지 제약이 있을 수 있으므로 단기간에 보다 효율적인 접근이 필요하다.

학교상담은 학교를 중심으로 이루어지는 상담의 전문 영역 중 하나로, 상담 전문직에 요구되는 본질적인 기능뿐만 아니라 학교라는 특수한 상황에 필요한 독특한 활동들로 구성된다(Schmidt, 2000). 학교상담을 담당하는 학교상담자의 역할은 학교의 분위기와 학교상담자의 역할에 대한 기대 수준에 따라 학교마다 달라진다(Myrick, 2003). 또한 학교 급별로 각기 다른 발달적 욕구가 있기 때문 에, 학생들의 욕구에 따라 특수한 서비스가 다양하게 이루어져야 한다(Schmidt, 2000).

학교상담자는 자신이 개입 가능한 범위를 인식하고 가능한 범위에서 역할을 하는 것이 필요하다. 미국은 이미 1960년대부터 학교에 학교상담자가 배치되었 으며 학교상담자의 역할에 대한 연구도 다양하게 이루어져 오고 있다. 미국학교 상담자협회(American School Counselor Association: ASCA)와 상담자교육 및 수 련협회(Association for Counselor Education and Supervision: ACES)가 연합하 여 규정한 학교상담자의 역할 모델은 상담(Counseling), 자문(Consulting), 조정

(Coordination)의 세 가지로 이루어져 있다. 오늘날에도 학교상담자의 기본적인 역할에는 큰 변화가 없이 대체로 이 틀이 유지되고 있다(Myrick, 2003).

　1997년에는 미국학교상담자협회에서 학교상담 프로그램 국가표준(The National Standards for School Counseling Programs)을 마련하여 학생이 학교에서 성취하여야 할 세 가지 영역인 인성 및 사회성 발달, 학업발달, 진로발달에 대한 내용을 상세히 규정하면서 상담(Counseling), 자문(Consultation), 조정(Coordination), 사례 관리(Case Management), 생활지도 교육과정(Guidance Curriculum), 프로그램 평가 및 개발(Program Evaluation and Development), 프로그램 배분(Program Delivery)을 학교상담자의 역할로 제시하였다(Campbell & Dahir, 1997).

　Gysbers(1997)는 종합적인 학교상담 관점에서 학교상담의 상담, 자문, 조정의 세 가지 영역을 확장시켜 ① 개별 학생에 대한 계획(Individual Planning), ② 개별 학생에 대한 평가(Individual Appraisal), ③ 개별 학생에 대한 조언(Individual Advisement), ④ 배치(Placement), ⑤ 반응적 서비스(Responsive Services), ⑥ 자문(Counsultation), ⑦ 개인상담(Personal Counseling), ⑧ 위기상담(Crisis Counseling), ⑨ 의뢰(Referral), ⑩ 시스템 지원(System Support), ⑪ 다른 상담자 및 지역사회와의 연계(Staff and Community Relations), ⑫ 자문위원회(Advisory Councils), ⑬ 지역사회 아웃리치(Community Outreach), ⑭ 프로그램의 관리와 실행(Program Management and Operations), ⑮ 연구 및 개발(Research and Development)의 열다섯 가지를 제시하였다.

　우리나라에서도 이러한 미국의 연구 결과들을 토대로 우리나라에 적합한 학교상담 모형을 구축하기 위한 노력이 꾸준히 이루어지고 있다. 우리나라의 주요 연구에서 제시한 학교상담자의 역할 및 직무를 살펴보면, 이상민과 안성희(2003)는 ① 개인상담, ② 소규모 집단상담, ③ 학급단위 상담활동, ④ 자문, ⑤ 또래상담자 프로그램, ⑥ 교사조력 프로그램, ⑦ 상담활동 평가, ⑧ 프로그램 개발 및 행정 업무로 역할을 제시하였다.

　강진령과 이종헌(2004)은 기존의 연구를 종합하여 ① 학생들의 각종 고민을 해결해 주는 상담자로서의 역할(상담활동), ② 부모, 교사, 학생, 행정가 및 다양한 학교직원에 대한 자문가로서의 역할(자문), ③ 의뢰 체계를 이용한 더욱 전문적인 기관으로 의뢰하는 역할(의뢰), ④ 학교상담 프로그램과 교육과정과 관련한 조정의 역할(조정), ⑤ 각종 검사의 기록 유지 및 이를 토대로 한 다양한 정보제공자로서의 역할(검사 및 기록 유지), ⑥ 학급단위의 대집단을 지도하는 예방적 상담교육 활동의 역할(학급단위 대집단 지도 상담교육과정), ⑦ 자기개발 및 연구활동에 관한 자신의 역할(자기개발 및 연구활동), ⑧ 상담 프로그램을 개발하고 관리하는 역할(프로그램 개발 및 관리), ⑨ 행정사무 업무 처리 역할(행정 및 사무)로 역할 영역을 나누고 세부적인 66개의 직무 및 역할을 제시하였다.

2005년부터 배치되고 있는 전문상담교사들의 근무지침으로 사용되는 교육과학기술부(2008)의 '전문상담교사 운영 및 활동 매뉴얼'에서는 미국, 일본, 홍콩 등 외국의 학교상담 모형과 이론적 연구를 토대로 우리나라의 실정과 요구에 적합한 활동 영역으로 ① 개인상담, ② 집단상담, ③ 심리평가, ④ 자문, ⑤ 교육 및 연수, ⑥ 행정업무의 여섯 가지 영역을 제시하고 있다. 실제적으로 현장의 학교상담자들은 교육부의 지침에 따르며 지침 내에서 자신의 역할을 수행하게 된다. 운영 실적 관리 등 행정적 업무 처리를 위해서도 현재 제시되고 있는 교육부의 활동 매뉴얼을 따를 필요가 있기 때문이다. 학교상담자는 이러한 직무활동 범위에서 등교거부 학생에 대한 개입 방향을 구축해 나가야 한다. 학교는 법적 조직이므로 학교상담자도 그 테두리 안에서 역할을 하게 된다. 교육과학기술부(현재의 교육부)의 전문상담 운영 및 활동 매뉴얼에 제시된 전문상담교사의 직무 활동은 〈표 1-1〉과 같다.

표 1-1 전문상담교사 직무 활동

직무 활동		내 용
개인상담		주당 2~4개 사례, 사례당 5~6회기, 회기당 40~50분
집단 상담	소규모 집단상담	주당 1~3개 집단, 회기당 40~50분
	학급단위 집단 교육 프로그램	주당 1회, 5개 학급 이내, 회기당 40분
심리평가		주당 10건 이상, 사례당 30분 이내
자문		30분 이내의 교사/부모 대상 자문 활동
교육 및 연수		연 3회 이내의 연수 교육 참여
행정 업무	상담환경	상담실 구축, 심리검사 구비, 관련 책자 구비
	홍보	학생 · 교사 · 학부모 대상 연간 상담실 운영 및 프로그램 소개
	사례관리 및 평가	사례관리, 연 4회 이내의 사례평가
	사업평가 및 수퍼비전	프로그램 효과성 검증, 자문회의 및 개인상담 사례 지도감독 교육
	지역사회 네트워크	연계 체계 구축, 지원 활동

출처: 교육과학기술부(2008).

등교거부 학생의 문제는 법정 교육일수 안에서 해결되어야 하는 문제 중의 하나로 보아야 한다. 현재 우리나라의 2012년 개정 「교육기본법」에서는 정규 수업일수의 1/3을 출석하지 않으면 제적 처리가 되는 것으로 규정되어 있다. 즉, 주 5일제를 시행하는 우리나라 중 · 고등학교의 경우 총 수업일수가 200일이므로 60일 이상 결석할 때는 자동으로 제적된다. 중학교의 경우는 자퇴(퇴학) 제도가 없어 법정 수업일수에 미달되지 않는 한 학적이 유지되고, 그 일수가 넘으면 유예 처리가 된다.

그러나 고등학교의 경우는 학교마다 교칙을 두고, 그 교칙에서 정하는 수업일수를 채우지 못할 때는 자퇴나 권고전학, 퇴학 등의 처분이 내려질 수 있다. 〈표

표 1-2 학칙에 따른 제적 기준

구분	제적 기준
고등학교 ①	무단결석 20일 이상, 벌점 100점 이상 퇴학 가능
	근태 관련 벌점은 무단결석 5점, 무단조퇴 3점, 지각 1점
고등학교 ②	무단결석 30일 이상, 벌점 50점 이상 퇴학 가능
	근태 관련 벌점은 무단결석 3점, 무단조퇴 · 결과 2점, 지각 1점
고등학교 ③	벌점 115점 이상 퇴학 가능
	벌점 중 근태 관련 벌점은 무단결석 5점, 무단결과 · 지각 1교시마다 1점
고등학교 ④	무단결석 20일 이상, 벌점 100점 이상 퇴학 가능
	근태 관련 벌점은 무단결석 5점, 지각 2점, 무단조퇴 3점, 무단결과 1점
고등학교 ⑤	정당한 사유 없이 연 30~50일 이상 무단결석일 때 특별 교육 이수 또는 퇴학 가능
고등학교 ⑥	정당한 사유 없이 무단결석 30일 이상일 때 퇴학 처분 가능, 벌점으로 인한 퇴학 규정 없음

1-2〉는 2013년 현재 B시 소재 6개 고등학교의 학칙에 따른 제적 기준을 조사한 것이다. 학교별로 차이가 있으나 보통 20~30일 정도의 결석이 있으면 퇴학 등의 처분을 내릴 수 있도록 규정되어 있음을 알 수 있다.

등교거부 학생의 경우 상담자에게 의뢰되는 시점이 보통 3일 이후이므로, 개입할 수 있는 시간은 최대 20일 내외가 된다. 다행히 2012년부터 시행되고 있는 학업중단숙려제로 인해 등교거부 학생에 대한 개입은 다소 수월해지고 있다. 학업중단숙려제의 총 개입기간은 14일 이내로 지정되어 있다. 이 기간 동안은 법적으로 출석인정이 되므로 개입에 있어 상담자의 부담이 적다고 할 수 있다. 학교에서 학교상담자가 개별적으로 개입하기 위해서는 출석인정 등 사전 협의가 중요하겠지만, 그렇지 못한 경우를 고려한다면 장기간의 개입은 본질적으로 불가능하다.

　더욱이 학생이 학급에 들어가지 않고 정상적인 수업을 받지 못하는 기간이 길어질수록 학교적응에 더 큰 어려움이 예상되므로, 등교거부 학생에 대한 개입에는 20일 이내에 전체적인 개입과 종결이 이루어지는 단기 상담적 접근이 필요하다. 이러한 외부적 제약뿐 아니라 등교거부 학생의 경우 학교에 다니려는 의지가 약한 만큼 상담에 대한 의욕도 없을 수 있다. 그러므로 등교거부 학생과의 개인 상담에서는 단기간의 문제해결 중심 상담이 필요하며, 정상 등교 이후 깊이 있고 심층적인 원인에 대한 추수적 상담 개입이 이루어져야 할 것으로 생각된다.

4. 학업중단숙려제

　학업중단숙려제는 2012년부터 교육부와 여성가족부가 함께 추진한 것으로, 학업중단의 징후가 발견되거나 학업중단 의사를 밝힌 학생 및 그 학부모에게 Wee센터(클래스), 청소년상담복지센터 등의 전문 상담기관에서 상담을 받으며 2주 이상 숙려하는 기간을 갖도록 하는 제도다. 학업중단율이 높은 고등학생에 대하여 우선적으로 실시되었으며 청소년기에 신중한 고민 없이 학업을 중단하는 사례를 방지하기 위해 도입되었다. 숙려 기간 중 출석인정 등의 제도적 장치가

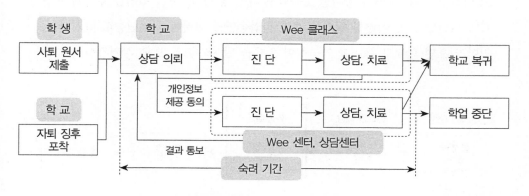

그림 1-1 학업중단숙려제 운영 절차

출처: 교육부(2012).

마련되어 있다.

교육부에서 제시한 학업중단숙려제 운영 절차는 [그림 1-1]과 같으며, 이 기간에 학생들은 개인 및 집단 상담, 심리검사 등 학업 복귀 프로그램에 참여하거나 학업중단 이후 겪게 될 삶의 상황을 안내받고, 여성가족부에서 학교 밖 청소년을 위해 지원하는 두드림 존, 학습지원 프로그램 등 각종 프로그램에 대한 정보를 제공받게 된다(교육부 보도자료, 2012).

학업중단숙려제 운영에 학교 단위의 Wee클래스가 포함되어 있지만 학교상담자를 위한 개입 지침 등은 제공되고 있지 않으며, 실질적으로는 외부기관으로 의뢰하는 것이 주를 이룬다. 한국청소년상담복지개발원(2012)의 경우 [그림 1-2]와 같이 별도의 개입 과정을 마련하여 이 제도를 운영하고 있다. 세부적으로 살펴보면, 청소년 개인상담 2회기, 학부모 상담 1회기가 진행되며, 이에 대한 소견서 작성 후 종결하고 있다.

교육부 보도자료(2013)에 따르면, 2012년 6월부터 2013년 2월까지 9개월간 시범 운영한 학업중단숙려제 운영 실적을 분석한 결과, 숙려제 대상 학생만 1만 2,776명 중 5,312명(41.6%)이 참여하고 7,464명(58.4%)이 참여하지 않은 것으로 나타났다. 숙려제 대상 학생은 학업중단의 징후(5일 이상 무단결석)가 보이거나 또는 자퇴하려는 학생으로 장기결석, 연락 두절 등으로 비참여 비율이 높았다고 밝히고 있다. 그러나 참여한 고등학생 다섯 명 중 한 명이 학업을 지속하는 결과가 나타났으며, 이러한 결과를 보면 학업중단을 원하는 청소년들도 일정한 개입이 있으면 학교로 복귀할 가능성이 있음을 알 수 있다. 또한 장기결석이나 연

그림 1-2 학업중단숙려제 상담의 개입 과정

출처: 한국청소년상담복지개발원(2012).

락 두절로 참여하지 않은 학생의 비율이 높은 점을 감안해 볼 때, 이들의 등교거
부가 심화되기 이전에 학교 차원에서 체계적인 개입이 이루어진다면 더 많은 청
소년이 정상적인 학교생활을 유지할 수 있을 것이다.

　그러므로 등교거부 학생에 대한 학교상담적 접근을 위해서는 전체 학생을 대
상으로 하는 등교거부 예방을 위한 시스템 구축과 더불어 학교상담자들이 등교
거부 행동을 보이거나 학업중단 의사를 밝히는 학생에게 효과적으로 개입할 수
있는, 더욱 구체적인 개입 절차와 세부적인 운영 매뉴얼이 필요할 것으로 보인
다. 이를 중심으로 학교단위의 초기 개입이 이루어진다면 등교거부 현상의 개선
은 물론 학업중단의 예방에도 효과적일 것으로 예상된다.

PART 2

상담 프로그램의 실제

1. 프로그램의 구성과 특징

이 프로그램은 등교거부 고등학생에 대한 학교상담자의 단기 개입 모형을
현장에 적용하기 위한 것이다. 프로그램의 목표는 대상에 따라 크게 두
가지로 나누어 볼 수 있다. 첫 번째는 이 프로그램의 개입 대상인 등교거부 고등
학생에 대한 목표로, 등교거부 중인 학생이 자신과 상황에 대한 이해를 높여 효
과적인 의사결정을 하도록 돕는 것이다. 여기에서 가장 이상적인 의사결정은 등
교거부를 중단하고 학교로 복귀하는 것이겠지만, 학생이 학업중단이라는 의사결
정을 내리는 경우의 가능성도 포함하였다. 두 번째는 이 프로그램의 운영자인 학
교상담자에 대한 목표로, 등교거부 학생에 대한 개입 과정에서 효율적이고 효과
적인 운영이 가능하도록 돕는 것이다. 즉, 등교거부 학생의 효과적 의사결정을
위해 학교상담자가 어떤 절차와 내용으로 개입해야 하는지에 대한 안내를 제공
하기 위해 구성되었다.

등교거부 학생의 인지에서 마무리 단계까지의 전체 계획은 총 14일 내로 구성
되며, 각 내담자의 양상에 따라 각 역할요소의 회기 수는 유동적일 수 있다. 그
러므로 여기서는 최대 14일 내에서 개입일차별 개입의 순서와 확보 가능한 회기
수를 예시하였으며, 이를 참고로 학교상담자가 재구성하여 사용하도록 하였다.

등교거부 학생에 대한 개입은 등교거부 발생 3~5일 이내에 시작한다. 등교거
부가 학생에게 심각한 영향을 미칠 수 있는 위기 상황임을 고려하면 3일 이전에
도 개입을 하여야 한다(위기 개입은 72시간 이내가 가장 효율적이다). 그러나 등교
거부 발생 초기에는 담임교사가 교정적 입장에서 지도하는 실제 학교현장의 특
성과 학교상담자의 업무 여건 등을 고려하여 개입 시작일을 등교거부 발생 3일
째로 제시하였다. 단, 5일 이내에는 반드시 개입하는 것을 원칙으로 한다.

이 프로그램은 다양한 원인과 양상을 보이는 등교거부 학생의 문제해결을 돕기 위해서 등교거부 당사자인 학생 개인에 대한 개입뿐만 아니라 학생을 조력할 수 있는 담임교사와 학부모에 대한 개입 과정도 포함하였다. 실제 학생상담은 2주 이내(출석일수 10일)에 이루어지며, 이 기간 내에 학부모상담과 학생·학부모 통합상담도 함께 진행된다. 2주의 기간은 현재 교육부에서 시행하고 있는 '학업중단숙려제'의 기간과 학교상담자들의 의견을 고려한 것이다.

이 프로그램의 특징은 다음과 같다.

첫째, 이 프로그램에서는 학교상담자의 개입을 돕는 실제적인 목표에 맞추어 전체적인 내용을 제시하였다. 등교거부 학생에 대한 개입에서 반드시 필요한 요소들을 학교상담자의 역할을 중심으로 구성하여, 학교상담자가 본연의 업무 영역 내에서 프로그램을 실시할 수 있도록 구성하였다.

둘째, 학생상담 영역에서는 학교에서 적용 가능한 단기 개인상담 모형을 중심으로 상담 및 개입 방법을 제시하였다. 등교거부 학생의 특성상 개인상담 위주의 개입이 이루어지며, 단기 개입을 통해 신속하고 효율적인 문제해결을 모색할 필요가 있기 때문이다. 이 프로그램에서는 효율적인 상담 진행을 돕기 위해 등교거부 학생의 현재 상황 탐색과 계획 및 실행 과정에 사용할 수 있는 학교상담자의 질문들을 예시로 제시하였다.

셋째, 등교거부 고등학생의 자신과 상황에 대한 이해를 높이고자 등교거부 원인 유형을 분류하기 위한 질문지를 개발하였으며, 유형별 특징 파악과 개입이 용이하도록 활동 및 활동지를 제시하였다.

2. 프로그램 사용의 주의점

① 단계별 모든 사항을 빠짐없이 실시해야 하는 것은 아니며, 전체적인 맥락에서 학교의 여건과 내담자의 특성에 맞는 상담을 진행하여야 한다. 초기에 구조화 과정을 거쳐 전체 일정과 회기 수를 결정한다. 이때는 학교의

여건(출석인정)과 학생의 출석일수 등을 고려하되 최소 회기 수는 확보되도록 한다.

구 분	최소확보	최대확보
학생상담	3회기(마무리 단계 포함)	7회기(마무리 단계 포함)
학부모상담	1회기	2회기
교사자문	1회기	3회기(마무리 단계 포함)
학생 · 학부모 통합상담	1회기	2회기

② 전체 프로그램의 흐름을 참고하여 상담에 필요한 각 요소와 다음 단계의 절차에 대한 정보를 확인한다.

③ 프로그램 단계별 내용 요약을 참고하여 단계별로 진행되는 상담의 세부 절차와 내용들을 확인한다.

④ 프로그램 단계별 절차 및 내용을 참고하여 각 과정에서 세부적으로 필요한 내용들과 관련 양식을 확인하여 개입에 활용한다.

⑤ 제시된 양식과 활동지는 학교급과 학생의 수준에 적합하도록 수정 · 보완하여 사용한다.

3. 프로그램의 개요

1) 프로그램 진행 과정

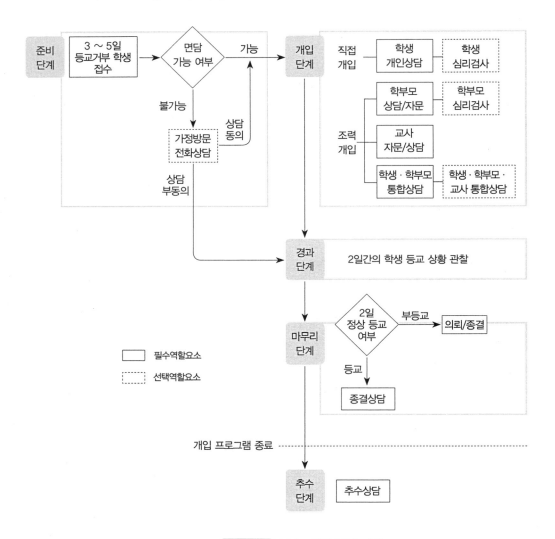

그림 2-1 프로그램의 진행 과정

2) 진행 과정별 개요

진행 단계	하위목표	역할요소	내용
준비 단계	상담의 준비	접수	• 담임교사의 '양식 1. 상담신청서(담임교사용)' 작성 내용을 참고로 접수 • 면담 가능 여부 확인
		가정방문 전화상담	• 면담 불가능 시 가정방문 또는 전화상담으로 상담 동의 여부 확인 • 학생상담에 동의하면 [개입 단계] 진행(학교상담실) • 학교에서의 학생상담에 동의하지 않거나 외부상담을 원하면 [경과 단계] 진행
개입 단계	직접 개입		학생의 문제해결 및 정상등교
		학생 개인상담	• '양식 2. 접수신청서(학생용)' 작성 • 촉진적 관계의 형성 및 '양식 3. 프로그램 및 상담일정표(상담구조화용)'를 이용한 상담구조화 • 단기 개인상담 실시 - 탐색 단계: 감정 및 문제에 대한 탐색 - 계획 단계: 문제해결을 위한 다양한 방법 탐색 - 실행 단계: 계획의 실행 및 계획 수정, 경과 단계 준비 • 필요시 학생 심리검사 실시
	조력 개입	학생의 지원 탐색 및 조력자의 역량 강화	학부모 (주양육자) 상담/자문
			• 촉진적 관계의 형성 • 자녀가 호소하는 원인과 부모가 추측하는 원인 탐색 • 부모와 자녀의 의사소통 및 관계 탐색 • 학생의 원인 유형에 대한 정보 제공 • 자녀 상담(교육)에 대한 자문 • 필요시 학부모 심리검사 실시
		교사 자문/상담	• 학생의 출결 상황, 학급생활 탐색 • 학생의 원인 유형에 대한 정보 제공 • 학생 및 학부모상담에 대한 자문
		학생과 학부모 통합상담	• 학생과 학부모의 바람과 현재 감정 탐색 • 문제해결을 위해 서로가 할 수 있는 일 탐색 • 서로의 입장에 대한 정보 제공(성격 유형 및 의사소통 관련 자료 포함) • 필요시 학생·교사·학부모 통합상담 실시

경과 단계	등교 상태 점검		• 등교를 시작한 학생의 등교 상황 점검 • 담임교사와 협력하여 지각, 조퇴 상황 등을 점검
마무리 단계	프로그램 종결	종결상담	• 학생이 2일 이상 정상 등교하면 종결상담 진행 • 적응적 학교생활을 위한 계획 탐색 후 추수상담 계획
		의뢰 종결	• 정상 등교가 불가능하면 '양식 5. 상담의뢰서(외부 의뢰용)'를 작성하여 외부기관 직접 의뢰 종결(또는 학부모에게 안내) • 1단계에서 상담에 동의하지 않을 경우 '양식 5. 상담의뢰서(외부 의뢰용)'를 작성하여 외부기관에 의뢰 (또는 학부모에게 안내)
추수 단계	생활적응	추수상담	• 의뢰의 경우는 외부기관에 상담 경과 확인 • 학생 대상 재발 방지를 위한 학교적응 중심의 상담 • 학부모 대상 현재 자녀의 생활 관련 상담

3) 순차진행의 예외상황과 진행일차별 예시

이 프로그램은 학교에 연속적으로 3~5일 무단으로 등교하지 않는 상태의 학생을 직간접적으로 인지함으로써 시작된다. 접수부터 종결(의뢰)까지 학교상담자는 내담자의 특성과 상담 여건 등에 따라 학사일정의 14일 한도 내에서 유동적으로 프로그램을 진행한다.

프로그램은 기본적으로 전개 과정이 [그림 2-1]과 같이 순차적 단계로 진행된다. 그러나 프로그램 진행 과정 중 예외상황이 발생할 경우에는 순차적으로 진행되지 않을 수 있다. 각 회기 또한 학교상담자의 판단과 내담자의 상황 등에 따라 생략되거나 추가될 수 있다.

(1) 예외상황 및 조치 내용

	예외상황	조치 내용
1	학생상담 중 심각한 수준의 우울증이나 자살 위험 등이 감지되었을 때	프로그램을 즉시 멈추고 정해진 절차에 따라 '자살 위기 개입' 진행
2	학생이 프로그램에 참여하지 않거나(개인상담 3회 이상 연속 불참) 연락이 두절되었을 때	학부모상담을 통해 상황을 알리고, 마무리 단계로 진행
3	프로그램에 참여와 불참여를 반복할 때	학생과 학부모에게 유선으로, 또는 직접 만나서 설득하되 구조화된 일정을 마치는 날까지는 원칙적으로 프로그램 진행
4	학생이 개입 도중에 정상 등교를 결심하고 바로 실행에 옮겼을 때	학생과 협의를 통해 종결 후 추수상담 진행 여부 결정

(2) 일차별 진행 예시

예외상황이 없다면 전체 일정은 최소 12(준비 단계와 개입 단계 1일차의 통합, 경과 단계 2일차와 마무리 단계의 통합)~14일이 소요된다. 개입 단계는 2주(총 10일)를 기준으로 이루어지며, 개입의 전후로 준비 단계와 경과 단계가 진행된다. 경과 단계는 학생이 상담의 도움 없이 학급에 적응하는 연습 기간으로, 학교상담실에 오지 않고 1~2일간 학급에서 생활한다. 최대일수를 기준으로 한 일차별 진행 예시는 다음과 같다.

단계 / 일차 / 역할요소	준비단계	개입 단계										경과 단계		마무리단계
	1일	2일	3일	4일	5일	6일	7일	8일	9일	10일	11일	12일	13일	14일
접수 및 상담환경 조성														
학생 개인 상담		1회기		2회기		3회기	4회기		5회기		6회기			2회기 (종결)
학부모상담		1회기					2회기							
교사 자문		1회기									2회기			3회기
학생 · 학부모 통합상담				1회기							2회기			
의뢰														

4. 프로그램의 단계별 절차와 세부 내용

이 프로그램은 위기 개입의 절차인 준비 단계, 개입 단계, 마무리 단계의 3단계를 기본으로 하고, 등교거부 학생의 특성을 고려하여 개입 단계와 마무리 단계의 사이에 학생의 정상 등교 여부를 점검하는 경과 단계를 두어 총 4단계로 구성하였다.

이 프로그램에서는 등교거부 행동을 고등학생의 위기 상황으로 보고, 단기적이고 즉각적인 위기 개입을 통해 문제 상황이 지속되지 않도록 하고 2차적 위기 상황(학업중단 등)을 예방하는 데 중점을 두었다. 즉, 이 프로그램의 실시 결과, 학생이 등교거부 위기 상황을 극복하고 정상적인 등교를 하게 되면 이후에 학교 적응을 위한 일반적인 상담이 진행될 것이라는 전제로 일반적인 문제해결보다는 등교거부 행동에 직접적인 영향을 주는 문제 상황을 탐색하고 조력하는 것을 목

표로 하였다. 또한 등교거부 행동을 학생 개인만의 문제로 보지 않고 가족과 학
교 체제의 영향까지 고려함으로써 1차적 조력자 역할을 할 수 있는 학부모상담
과 교사 자문도 프로그램에 포함하였다.

단계	내용	프로그램 포함 사항	개입일차
준비 단계	상담을 위한 기본적인 환경 조성	• 준비 단계에서 확인이 필요한 사항 • 준비 단계에서 활용 가능한 질문 • 준비 단계에서 활용하는 양식	1일 (총 1일)
개입 단계	상담 및 자문 활동 (학생 개인상담, 학부모상담, 담임교사 자문, 통합상담)	• 개입 단계에서 확인이 필요한 사항 • 개입 단계에서 활용 가능한 질문 • 개입 단계에서 활용하는 양식 • 개입 단계에서 활용하는 유형질문지 • 개입 단계에서 활용하는 학생활동지	2~11일 (총 10일)
경과 단계	학생의 정상 등교 상황 점검	• 경과 단계에서 활용하는 양식	12~13일 (총 2일)
마무리 단계	프로그램 종결 활동 (종결상담 또는 의뢰/종결)	• 마무리 단계에서 확인이 필요한 사항 • 마무리 단계에서 활용 가능한 질문 • 마무리 단계에서 활용하는 양식	14일 (총 1일)

1) 준비 단계

준비 단계는 상담의 기본적인 환경을 조성하는 단계다. 등교거부 중인 학생의 사례를 접수하고 상담 진행에 필요한 사항들을 점검하며, 내담자인 학생이 학교상담에 참여할 수 있도록 학부모 동의 및 본인 동의를 받는다.

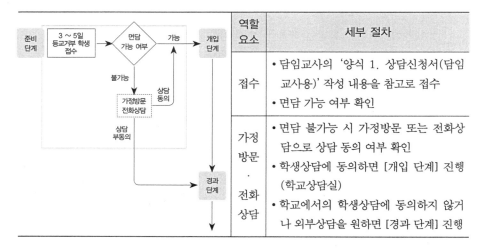

역할 요소	세부 절차
접수	• 담임교사의 '양식 1. 상담신청서(담임교사용)' 작성 내용을 참고로 접수 • 면담 가능 여부 확인
가정방문 · 전화상담	• 면담 불가능 시 가정방문 또는 전화상담으로 상담 동의 여부 확인 • 학생상담에 동의하면 [개입 단계] 진행 (학교상담실) • 학교에서의 학생상담에 동의하지 않거나 외부상담을 원하면 [경과 단계] 진행

〔 준비 단계에서 확인해야 할 내용 〕

대상	내용
담임교사	• '양식 1. 상담신청서' 작성 • 학생의 등교거부 시작일로부터의 담임의 조치 내용(학생상담 및 학부모상담의 경과 등)
학부모	• 현재 자녀의 생활 • 등교거부 시작 전 특별한 징후 • 등교거부 시작 후 자녀의 생활 및 가정에서의 대처
학생	• 현재의 생활 패턴 및 감정 상태 • 학교상담실로 내방하기 위해 필요한 사항(보호자 동반 필요 여부, 건강 상태, 상담실 안내 등)

(1) 접 수

활용 양식 및 활동지
• 양식 1. 상담신청서

담임교사의 '상담신청서' 작성 ⇨ 접수신청서 내용 확인 및 접수 ⇨ 상담 동의 ⇨ 1차 상담 일정 확정

학급에 등교거부 학생이 발생했을 때 1차적 상담은 담임교사가 진행하는 것이 보편적이다. 학교상담자에게 학생이 의뢰되는 경로는 담임을 통하거나 학부모, 학교관계자, 학생 본인 등 여러 경로가 있을 수 있다. 어느 경우에나 담임이 1차적으로 기초 조사와 그동안의 경과에 대한 기록을 작성하여 학교상담자에게 전달하면 효율적인 상담 진행에 도움이 된다.

① 담임교사에게 '양식 1. 상담신청서(담임교사용)'를 작성하도록 권유하고, 그 내용을 중심으로 접수를 진행한다. 접수 전이라도 학생이 학교에 등교하면 바로 상담실로 보내지도록 담임교사와 사전에 협의해 둔다.
② 학부모나 학생에게 전화나 서신 등으로 연락하여 면담 가능 여부를 확인한다.
③ 면담이 가능할 경우 학생상담과 학부모상담의 시작 일정을 확정하고, 학교상담실을 안내한다.

(2) 전화상담 및 가정방문

전화상담 / 가정방문 ⇨ 면담 불가능 이유 탐색 ⇨ 상담 동의 ⇨ 1차 상담 일정 확정 또는 관찰 단계

양식 1. 상담신청서 (담임교사용)

상담신청서

상담대상자　학번　　　　　이름　　　　　　성별　*　　　생년월일

가족관계의 특이사항 및 학부모(주양육자) 연락처
　학부모의 주소 및 연락처

　가족관계에서의 특이사항

결석일수
　현재 학년에서의 결석일수 총　　　일
　최근의 연속적 결석일수 총　　　일 (　　월　　일　요일~　　월　　일　요일)

결석 사유 파악
　학생이 보고하는 결석 이유

　학부모가 보고하는 결석 이유

　교사가 파악한 결석 이유

상담 및 면접 기록
　학생과의 상담(언제, 어떻게, 어떤 내용)

　학부모와의 상담(언제, 어떻게, 어떤 내용)

특이사항
　이전 학교급 및 학년에서의 등교거부 경험 유무
　복학생, 전학생 여부
　현재 총 결석일수(법적 출석일수 대비 남은 일수)

　　　　　　　　　　　　　　　　　　20　　.　　.　　.
　　　　　　　　　　　　　　　　　　직　　　　　성명　　　　(인)

붙임　1. 학생의 각종 심리검사 결과(정서행동특성검사, 표준화심리검사)
　　　2. 담임의견서 및 참고자료

① 학생과 학부모가 면담을 거절할 경우에는 전화를 통해 상담을 진행할 수 있다.

② 만약 연락이 되지 않거나 학생이 학교상담실로 오는 것을 거절할 경우에는 가정방문(출장상담)을 실시하여 상담을 권유한다. 가정방문을 실시할 때는 2인 이상의 교사가 함께 가도록 하며, 가능한 한 남녀 교사가 함께 가는 것이 좋다. 또한 학부모와 학생이 부담감을 가지지 않도록 유의하여야 한다.

③ 가정방문이나 전화상담에서도 학생이 학교상담자와의 상담에 참여할 의사가 없다면, 마무리 단계로 진행한다.

준비 단계에서 학부모와 학생에게 활용할 수 있는 질문들

대상	질문 내용
학부모	• "자녀가 학교에 가지 않아 상심이 크시지요. 현재 자녀는 어떻게 생활하고 있습니까?" • "결석하고 있는 자녀를 부모님께서는 어떻게 대하고 계십니까?" • "자녀가 학교 결석을 시작하기 전에 특별한 일이 있었습니까?" • "학교에서 자녀의 문제 해결을 위해 할 수 있는 일은 없을까요?" • "자녀를 돕기 위해 학교상담실에서 상담을 진행하고 싶습니다. 학교상담실로 올 수 있도록 설득해 주시겠습니까?" • "학부모님 상담도 동시에 진행하고자 합니다. 상담에 참여해 주실 수 있으신가요?" • "학생이 학교상담을 원하지 않는다면, 외부상담기관에 대한 안내를 해 드릴까요?"
학생	• "지금 학교에 오지 않고 있다고 들었는데, 어떻게 지내고 있니?" • "학교의 친구들이나 담임선생님과는 연락을 하고 지내고 있니?" • "결석을 시작하고 나서 기분은 어떤지 말해 줄 수 있니?" • "네가 문제를 해결하도록 돕고 싶은데 학교상담실에서 선생님과 상담을 해 보는 것이 어떻겠니?" • "네가 학교상담실로 오기 위해서는 어떤 도움이 필요하니?"

상담 참여를 독려하기 위한 팁

학교에 오지 않으려 하는 학생을 상담에 참여하게 하는 데는 어려움이 많다. 특히 학업중단을 원하는 고등학생의 경우 상담 참여 자체를 학교 복귀와 연결되는 과정으로 인식하여 더욱 완강하게 거부할 수 있다. 이럴 때 활용할 수 있는 것이 2012년부터 교육부에서 진행하고 있는 '학업중단숙려제'다. 학생과 학부모에게 학업중단을 위해서는 숙려 기간에 상담에 참여해야 함을 전달하고, 상담에 참여하도록 유도하는 것이 필요하다. 이를 위해서는 학교 차원에서의 사전 조치, 즉 교칙에서 학업중단을 위해서는 이 과정에 의무적으로 참여해야 함을 정해 두는 것 등이 선결되어야 한다.

학생에게 이 과정을 설명할 때는 기본적으로 학생의 의사결정과 현재의 마음을 존중하되 다음의 사항을 고려하여 상담 참여를 유도한다.

- 지금까지의 결석일수의 심각성을 설명한다. (교칙에서 정한 최대 결석일수와 현재 결석일수 등)
- 자퇴와 퇴학의 차이점에 대해 설명한다.
- 학업중단숙려제의 취지와 과정을 설명하고, 최소 상담 참여 횟수를 전달한다.
- 후회 없는 학업중단을 위해서도 학업중단 후의 진로나 계획 등을 점검할 필요성이 있음을 설득한다.

2) 개입 단계

개입 단계는 두 과정으로 나누어진다. 첫 번째 과정은 직접개입 과정으로 등교거부 상황에 있는 학생 당사자를 대상으로 문제해결과 합리적 의사결정을 목표로 한 학생 개인상담 과정이다. 두 번째 과정은 조력개입 과정으로 지원 탐색 및 조력자의 역량 강화를 위해 학부모, 교사 등 등교거부 학생을 지원할 수 있는 지원을 대상으로 하는 개입 과정이다.

개입 단계에서의 필수적인 역할요소는 학생 개인상담, 학부모상담, 교사자문, 학생과 학부모 통합상담이다. 이러한 요소들은 순서대로 이루어지는 것은 아니며 내담자의 특징과 특수성을 고려하여 병렬적으로 적용이 가능하다.

모든 상담의 시작에서 '촉진적 관계 형성'이 필수이지만, 이 프로그램에서는 그 부분에 대한 직접적인 내용 제시는 생략하였다. 학교상담자는 이미 충분한 교육과 수련을 거친 전문가 집단이므로 각자 특유의 촉진적 관계 형성 방법이 있기 때문이다. 다만, 촉진적 관계 형성을 위해 주의해야 할 사항을 제시하였다.

		역할 요소	세부 절차
개입 단계	직접 개입 → 학생 개인상담 — 학생 심리검사	학생 개인 상담	• '양식 2. 접수신청서(학생용)' 작성 • 촉진적 관계 형성 및 상담의 구조화 • 단기 개인상담 실시 　– 탐색 단계, 계획 단계, 실행 단계 • 필요시 학생 심리검사 실시
	조력 개입 → 학부모 상담/자문 — 학부모 심리검사 / 교사 자문/상담 / 학생·학부모 통합상담 — 학생·학부모·교사 통합상담	학부모 (주양육자) 상담/ 자문	• 촉진적 관계의 형성 • 자녀가 호소하는 원인과 부모가 추측하는 원인 탐색 • 부모와 자녀의 의사소통 및 관계 탐색 • 학생의 원인 유형에 대한 정보 제공 • 자녀 상담(교육)에 대한 자문 • 필요시 학부모 심리검사 실시
		교사 자문/ 상담	• 학생의 출결 상황, 학급생활 탐색 • 학생의 원인 유형에 대한 정보 제공 • 학생 및 학부모 상담에 대한 자문

	학생과 학부모 통합 상담	• 학생과 학부모의 바람과 현재 감정 탐색 • 문제해결을 위해 서로가 할 수 있는 일 탐색 • 서로의 입장에 대한 정보 제공(성격 유형 및 의사소통 관련 자료 포함) • 필요시 학생 · 교사 · 학부모 통합상담 실시

개입 단계에서 확인해야 할 내용

대상	내용
학생	• 등교거부의 결정적 계기 • 등교거부 중 생활 • 등교거부를 하는 이유와 등교를 위해 해결해야 할 문제(원하는 것) • 문제에 대해 심각함을 느끼는 정도 • 문제해결을 위해 등교거부라는 방법 외에 다른 대안이 있는지 탐색 • 문제해결을 위한 가능한 계획과 그 계획의 실행에 대한 결심의 정도 • 실행 이후의 평가
학부모	• 학부모가 파악하고 있는 자녀 등교거부의 원인 • 자녀의 등교거부 이후 가족 내의 변화 • 자녀의 등교거부 행동에 대한 부모의 입장 차이 • 의사소통 방식과 양육태도
담임교사	• 등교거부 학생의 평소 학급생활과 친구관계 • 등교거부 학생이 상담실에 있을 동안의 출결 인정 여부 • 등교거부 학생의 현재 상황에 대해 학급 학생들에게 전달할 내용 • 등교거부 학생과의 의사소통 방식

(1) 학생 개인상담

학생의 '접수신청서' 작성 ⇨ 탐색 단계
⇨ 계획 단계 ⇨ 실행 단계 ⇨ 정상 등교의 시작

회기	단계	회기별 주제	회기별 내용
1	탐색 단계	접수면접 및 관계 형성	• 촉진적 관계 형성하기 • 초기 평가 및 목표 설정하기 • 감정 다루기 • 상담 구조화하기
2		유형 파악 및 해결 문제 선정	• 원인 유형 탐색하기 • 보호 요인과 위험 요인 파악하기 • 문제에 대한 지각 탐색하기 • 해결하고자 하는 구체적인 문제 선정하기 • 도달하고자 하는 구체적인 목표 설정하기
3	계획 단계	미래 조망 탐색	• 원하는 자아상과 미래조망 탐색하기 • 중간 점검하기
4		실행계획 수립	• 문제해결을 위한 다양한 방법찾기 • 목표 달성을 위한 구체적인 계획 세우기
5	실행 단계	실행계획 평가 및 수정	• 계획 실행하기 및 실행에 대해 평가하기 • 계획 수정하기 • 재실행하기
6		준비사항 점검	• 재실행에 대해 평가하기 • 등교를 위한 준비사항 점검하기(학급생활 예상하기) • 학업중단에 대비할 사항 점검하기(학업중단 관련 대비할 점 예상하기)

① 탐색 단계

step 1. 촉진적 관계 형성하기

활용 양식 및 활동지
활동지 2-2. 나의 뇌 구조

등교거부 학생과의 상담에서 학생과 상담자의 관계는 '문제해결의 동반자' 관계가 되어야 한다. 학생이 당면하고 있는 문제는 객관적으로는 미미한 수준의 문제일 수 있으나 학생 입장에서는 완전히 압도당하고 있는 경우가 많다. 이러한 힘든 문제를 학생이 혼자 해결하기 위해 찾은 방법이 등교거부라는 극단적 방법일 수 있다. 그러므로 위기 상황에 있는 학생의 당면 문제의 해결을 함께 해 나가는 '문제해결의 동반자'의 역할이 등교거부 학생 상담자에게 필수적이다. 학생의 현재 관심사에 대해 대화를 나누면서 자연스럽게 관계를 형성하는 것도 하나의 방법이 될 수 있다.

촉진적 관계 형성에서의 주의점

• 무조건적으로 학교에 정상 등교를 해야 한다고 강요하는 느낌이 들지 않도록 유의해야 한다. 현재의 출결 상황이나 출석일수 부족 등을 설명하되 학생의 현재 상황에 대해 충분히 이해하는 입장을 취해야 한다. 필요하다면 등교 후 학급으로 가지 않고 학교상담실에서 머물 수 있게 하는 배려가 필요하다. 이때는 이에 관해 사전에 학교관계자(학교장 등)나 담임교사와의 조율(출석인정 범위 등)이 필요하다.
• 학교의 당위성을 지나치게 강조하는 것에 유의해야 한다. 고등학생의 경우 중학생과는 달리 자신의 진로나 이후의 삶에 대해 충분히 생각할 수 있는 연령이기 때문이다. 탐색 단계에서는 자신이 생각하는 바를 충분히 털어놓도록 하는 것이 가장 우선이다.

step 2. '접수신청서'를 통한 초기 평가 및 목표 설정하기

활용 양식 및 활동지

양식 2. 접수신청서(학생용)
활동지 2-1. 서약서

기본적으로 학생이 '양식 2. 접수신청서(학생용)'를 작성하고, 만약 학생의 작성 내용 중 부족한 부분이 있다면 학교상담자가 면담을 통해 필요사항을 작성한다. 이 과정은 등교거부에 관련된 문제를 정확히 이해하고 이에 대한 개입 전략을 선택하기 위한 것이다. 이를 위해서는 학생의 등교에 대한 태도뿐 아니라 관련된 개인적·환경적 요인들의 상호작용을 이해하기 위한 정보를 파악해야 한다. 초기 평가 과정은 학생과의 촉진적 관계가 기초가 될 때 효과적일 수 있다. 그러나 이 단계에서 모든 평가가 완성되는 것이 아님을 인지하고, 개입 과정에서 계속적으로 평가가 이루어져야 한다. 이때 프로그램의 필요성에 대해 충분히 인지하도록 하고 서약서를 작성하게 하는 등 프로그램 참여 의지를 확인하는 것이 필요하다.

초기 평가에서 파악되어야 하는 내용

• 학생의 기본적인 인적사항, 학생과 직접적인 연락이 가능한 연락처
• 가족구성원 정보(가계도 작성), 부모의 결혼 관련 사항(이혼 등), 주양육자 정보, 가족과의 주관적 친밀도, 학부모 연락처, 가족 관련 특이사항(종교 등)
• 위기 관련 사항(자살 위험, 가정폭력, 아동학대 등)
• 학교 중퇴를 원하는 정도, 중퇴에 대한 결심 정도

양식 2. 접수신청서 (학생용)

접수신청서

인적사항

접수일시　　　　　년　　　　월　　　　일 (　　　요일)

학번　　　　　이름　　　　　　성별　　　　생년월일

친한 친구

주소

본인 연락처　　　　　　　　　　학부모 연락처

가족관계

관계	성명	나이	직업	종교	동거 여부	가족에 대한 느낌	친한 정도 0~10	중요한 순위

마지막 등교일　　　　월　　　　일　　　요일

이전 경험　　상담이나 정신과 진료 경험　　있다 · 없다

　　　　　　등교거부 경험　　　　　　있다 · 없다

내가 학교에 오지 않은 이유 / 상담하고 싶은 주제

step 3. 감정 다루기 - 자신의 힘든 이야기를 충분히 털어놓도록 돕기

등교거부 학생은 이미 가정에서 갈등을 겪고 있을 확률이 높고 스스로 자신의 모습에 대해 부정적으로 지각하고 있을 수 있다. 또한 학급으로 돌아가고 싶어도 학급 학생들의 태도에 대해 두려움을 느낄 수 있다. 학교상담자는 학생이 자신의 힘든 이야기를 털어놓을 수 있는 분위기를 형성하고 충분한 시간을 확보해야 한다. 이때 등교거부를 결정하게 된 결정적 계기와 등교거부 중 생활에 대해서도 탐색할 필요가 있다.

step 4. 상담 구조화하기

활용 양식 및 활동지
양식 3. 프로그램 및 상담 일정표(상담구조화용)

관계 형성이 되고 학생의 현재 감정에 대한 탐색이 충분히 이루어졌다면, 상담의 구조화가 이루어져야 한다. 전체 프로그램에 대해 안내(프로그램의 목표, 전체과정 등)하는 것과 동시에 프로그램 진행을 위해서 학생 본인이 해야 할 일에 대해서도 구조화하여야 한다(최소 참여 회기 수, 시간 약속 등). 상담자는 비밀보장의 한계에 대해서도 알려주어야 한다. 프로그램 기간에는 다른 중요한 결정(등교 결정 제외)은 보류하기로 약속한다. 학부모상담도 있음을 알리고, 학부모에게 알려도 되는 상담 내용과 그렇지 않은 내용에 대해서 학생과 미리 의논할 것임을 알린다. '양식 3. 프로그램 및 상담 일정표'의 내용을 전체적으로 설명하고 학생과 해당 일자, 요일, 시간을 정하고 서로 일정표를 확인·조율한다.

양식 3. 프로그램 및 상담 일정표 (상담구조화용)

프로그램 및 상담 일정

대상 \ 일차 / 일시	1일	2일	3일	4일	5일	6일	7일	8일	9일	10일	11일	12일	13일	14일
학생상담														
학부모 상담														
교사 자문														
학생 · 학부모 통합상담														

      학   생   학번   이름   (인)
                  연락처

      학 부 모   이름   (인)
                  연락처

      담임교사   이름   (인)

step 5. '유형질문지'를 통한 원인 유형 탐색하기

활용 양식 및 활동지
유형 1–1. 유형질문지 유형 1–2. 유형설명지

'유형 1-1. 유형질문지'를 학생 스스로 작성하게 하거나 상담자가 적의하게 질문하여 원인 유형을 파악한다. 유형이 파악되면 '유형 1-2. 유형설명지' 중 해당 유형설명지를 배부하고, 설명 중 자신을 나타낸다고 생각하는 내용에 밑줄을 긋고 그 내용에 대해 탐색하도록 한다. 상담자는 아래의 유형별 특징, 유형별 개입 방향과 유의점을 참고하여 위험 요인과 보호 요인을 중심으로 방향을 탐색한다. 유형별 개입의 목표는 단기 상담의 효율성을 높이기 위한 것이다.

유형별 특징과 유의사항

1유형 – 재미추구형	
특징	• 학교생활보다 학교 밖의 활동에 재미와 흥미를 느낀다. • 자퇴생 등 학교 밖의 친구들과 어울리기 위해 등교를 하지 않는다. • 학교 내 교우관계도 무난한 편이다.
개입 방향 및 유의점	• 자유로운 성격과 친구관계가 좋은 것을 강점으로 인정해 주어야 한다. • 학교 내 친구 중 모범적인 친구와의 연계를 통해 등교를 유도하는 방법을 찾아볼 수 있다. 학교 내의 친구관계를 적극적으로 활용하여 친구를 통해 등교를 권유하거나 친구와 동행하여 등교하도록 유도해 본다. • 학교 내에서 자신의 진로를 찾을 수 있는 방안 등에 대해 함께 구상한다. (방과후 활동, 교사와의 연계, 동아리 추천 등) • 담임교사: 한시적으로 학교 및 학급 규칙을 다소 완화하여 줄 수 있는 방법을 모색해 보고 학교 내에서 학생이 재미를 느낄 수 있는 활동을 함께 찾아보도록 권한다.

	• 학부모: 즐거움을 추구하고 자유로운 자녀의 성향을 인정하며 자녀가 좋아하는 활동을 함께 하는 것을 권장한다.
위험 · 보호 요인	• 자퇴한 친구의 유무(위험) • 비행에의 노출, 아르바이트 경험(위험) • 부모 및 교사와의 지지적 관계(보호) • 학교 내 지지적 교우와의 연결(보호)

2유형 – 교사갈등형	
특징	• 학교의 규칙과 제약에 어려움을 느끼며 교사들과의 갈등이 있다. 교사의 차별이나 부당함에 대해 민감하다. • 부모와의 관계에는 문제가 없는 편이다.
개입 방향 및 유의점	• 비합리적인 것에 대한 비판 능력은 강점으로 인정해 주어야 한다. 상대가 어른이라는 이유로 학생에게 무조건적으로 복종하도록 해서는 안 된다. • 모든 어른과 갈등을 겪는 것이 아니라 특정 몇 사람과 갈등을 겪고 있다는 것을 인식할 필요가 있다. • 학부모상담과 교육 등을 통해 학부모가 제2의 상담자로 기능할 수 있도록 도움을 주는 것도 필요하다. 가정에서 일어나는 문제나 자녀의 생활에 관련된 중요한 사항을 상담자에게 알릴 수 있도록 학부모와 연계를 유지하는 것이 중요하다. • 갈등의 당사자인 특정 교사를 학생과 직접 만나게 하는 것보다는 상담자가 중간에서 조정 역할을 하는 것이 이상적이다. • 담임교사: 갈등 당사자가 담임교사가 아닐 경우에는 학생과 좋은 관계를 맺고 지지적인 관계가 될 수 있도록 한다. 비판적인 학생의 말투에 일일이 반응하기보다는 학생의 입장에서 수긍할 점을 찾아보도록 권한다. • 학부모: 자녀가 힘들어하는 특정 교사에 대한 이야기를 충분히 들어 주고, 자녀의 입장에서 수긍할 점을 찾아보도록 권한다. 자녀의 의논 상대가 될 수 있도록 자녀와의 상담 역량을 키우기 위해 노력하도록 권유한다.
위험 · 보호 요인	• 교칙 위반 관련 벌점 및 징계(위험) • 교사에 대한 불신과 반항(위험) • 부모 및 교우와의 지지적 관계(보호) • 논리적 사고 능력 및 정의감(보호)

3유형 – 체력부족형	
특징	• 전반적 의욕 부진과 무기력을 보이며, 등교를 앞두고 배앓이, 두통, 몸살 등의 신체화 증상을 보인다. • 주변 사람들과 관계가 나쁘지 않거나 타인과의 정서적 교류에 대한 기대가 낮은 편이다.
개입 방향 및 유의점	• 정서적으로 힘들지만 견디고 있는 것을 강점으로 인정해 주어야 한다. • 우울감이나 자살충동 등에 대한 점검이 반드시 필요하다. • 신체 증상이 신체화인지 실제 건강에 이상이 있는 것인지를 확인해 보고, 확실하지 않을 때는 신체적 질병 관련 병원 진료를 권한다. • 좌절을 경험한 부분을 면밀히 탐색해 보고, 좌절 상황에서의 주된 정서 경험을 탐색한다. 또한 예외 경험을 생각해 보게 하고, 이를 바탕으로 앞으로의 성공 경험 계획을 세워 보는 것이 필요하며, 진로 좌절과 연결된 것은 없는지 확인해야 한다. • 우울이나 무망감, 정체감 혼란, 중독 등 정서나 행동적인 문제가 있을 수 있으므로 유의하여 개입한다. • 담임교사: 일정 기간 학급 규칙이나 학업 과제에 대한 주제보다는 무조건적으로 학생에게 공감하는 태도를 보이도록 권장한다. • 학부모: 자녀에게 건강상의 문제가 없는지 확인하도록 병원 진료를 권한다. 무기력의 원인이 무엇인지 유추하도록 하고, 자살 시도나 자해 등의 징조가 없는지 점검하도록 한다.
위험· 보호 요인	• 진로 관련 좌절 및 무망감(위험) • 우울감 및 신체화의 여러 증상(위험) • 부모 및 교우의 설득과 지지(보호) • 정서적 깊이와 예외 경험(보호)

4유형 – 가족고민형	
특징	• 가족 내 부모 또는 가족 전체와의 의사소통이 이루어지지 않거나 가정의 구조적·경제적 문제가 있다. • 부모나 가족에 대한 반항심으로 비행의 우려가 있다. • 개인의 정서적인 문제가 1차적 문제는 아니다.

개입 방향 및 유의점	• 힘든 상황에서도 가족에 대한 관심을 유지하고 있는 것을 강점으로 인정해 주 어야 한다. • 이 유형의 경우 가장 중요한 것은 근본적인 문제의 파악이다. 가정 내 폭력이 나 학대에 대한 점검이 반드시 필요하다. • 가정 문제가 개입을 통해 해결할 수 있는 문제라면, 등교거부 해결에 실질적 인 도움을 줄 수 있다(경제적 문제라면 복지적 연계 등). • 복잡하게 얽혀 있어 단기적 개입으로 해결이 어렵다면, 학생이 심리적으로 독립할 수 있도록 개입해야 한다. • 담임교사: 가정 내 폭력이나 학대의 징후에 대해 예민하게 점검하도록 권하 고, 학생에게 강력한 지지자가 되도록 노력할 것을 권한다. • 학부모: 학생이 가정적 문제로 힘들어하고 있음을 전달하고, 현실적으로 해결 가능한 문제와 그렇지 않은 문제를 분리하여 접근한다. 사회복지적 접근이 필요할 경우 기관과의 연계를 안내한다.
위험 · 보호 요인	• 가출이나 비행, 학교 밖 친구(위험) • 가정 내의 구조적 · 경제적 문제(위험) • 가정 내 소통 가능한 구성원(보호) • 교사와 교우와의 지지적 관계(보호)

5유형 – 제도권 교육 거부형	
특징	• 학업에 대한 열의는 있으나 현재의 제도권 교육에 대한 불만이 있다. • 정규적 학교생활을 시간낭비로 생각하고 있는 상태다. • 친구관계나 부모와의 관계는 나쁘지 않다.
개입 방향 및 유의점	• 판단력과 분석력이 있다는 것을 강점으로 인정해 주어야 한다. • 어른의 논리로 설득하기보다는 자신의 논리를 마음껏 펴도록 긍정하고 들어 줄 필요가 있다. 거듭된 좌절로 무기력함을 느끼고 있을 수 있으나 근본적으 로는 강한 심리적 힘을 가지고 있음을 상기시킬 필요가 있다. • 미래에 대한 조망을 키워 영향력에 대한 욕구를 키우고 그것을 위해 준비할 수 있는 일을 함께 구상한다. • 이 유형은 특히 검정고시에 대한 욕구가 강할 수 있다. 따라서 자신의 실력에 대한 검증이 필요하다(중 · 고등학교 때의 내신 등). • 담임교사: 학생의 입장에서 불합리한 점들에 대해 듣고 수용하며, 학생의 언 행에 대해 감정적이 아닌 이성적 · 논리적 대응을 하도록 권한다.

	• 학부모: 자녀의 비판 의식에 대해 비난하기보다는 수용하도록 하고 논리적으로 대응하도록 권한다. 학습 관련 문제를 해결할 방안을 자녀와 함께 모색하도록 한다.
위험 · 보호 요인	• 노력에 비해 낮은 학업성취(위험) • 자기 주장의 비효율성과 비논리성(위험) • 학업에 대한 의욕과 학력의 필요성(보호) • 논리적 사고 능력과 미래 조망 능력(보호)

복합유형	
개입방향 및 유의점	• 각 단일유형의 유의점을 복합하여 진행한다. • 예를 들어, 1-2복합유형의 경우 1유형의 유의점과 2유형의 유의점을 동시에 고려하여 상담을 진행한다.
유형 공통	• 학업중단을 원할 경우에라도, 대부분의 학생이 '학교'에 다니기 싫을 뿐이지 '졸업장'이 필요 없다는 생각을 하고 있는 것은 아니다. • 검정고시에 대한 환상을 품고 있을 수 있다. 도피를 위한 방법으로 선택한 것인지 실제 실천할 계획인지 점검하고, 구체적인 정보가 부족할 경우 그것을 제공한다. 필요하다면 가장 가까운 시기에 실시된 검정고시 문제를 출력하여 실제 시험처럼 응시해 보게 하는 것도 현실 검증에 도움이 된다.

step 6. 문제에 대한 지각 탐색하기

활용 양식 및 활동지
활동지 2-3. 나에게 이것은
활동지 2-4~2-28. 유형별 활동지(1유형~5유형)
활동지 2-29. 있었으면, 없었으면
활동지 2-30. 보물 서바이벌
활동지 2-31. 그래도 나에게는

첫째, 학생이 위험 요인(학교에 등교하지 못하는 원인 또는 등교거부를 유지시키는 요인)이라고 호소한 문제를 얼마나 심각하게 받아들이고 있는지, 그 문제가 얼마나(수치), 어떻게(해결 후의 상태) 해결이 되면 등교가 가능한지를 탐색한다.

둘째, 등교거부를 통해 해결하고 싶은 문제가 무엇인지 탐색한다.

셋째, 등교거부 상황이 지속될 경우 일어날 수 있는 일에 대해 탐색한다. 즉, 개인적 영향, 가족 내에 미치는 영향, 친구관계에 미치는 영향 등 다양한 측면에서 자신의 행동이 미치는 영향을 탐색해 보도록 한다. 특히 보호 요인이라고 지각하고 있는 중요한 개인들에게 미치는 영향을 중심으로 탐색한다.

문제에 대한 지각 탐색을 위한 추가 질문

유형	추가 질문
1유형 학교 밖이 즐거운 재미추구형	• "네가 가장 즐거울 때는 언제니?" • "네가 절대로 포기할 수 없는 사람이나 활동은 무엇이니?" • "자퇴한 친구들은 너에게 무엇이라고 이야기하니? 그 이야기에 대한 너의 생각은 어떠니?"

2유형 규칙과 제도 적용이 어려운 교사갈등형	• "가장 싫은 선생님이나 가장 싫은 선생님의 스타일이 있니?" • "혹시 그 선생님들과 어떤 일이 있었는지 말해 줄 수 있니?" • "그 선생님에게 꼭 하고 싶은 말이 있다면 어떤 말이니? 그 말을 전달 　한다면 어떤 결과가 있을 것 같니?"
3유형 의욕이 부족한 체력부족형	• "요즘 몸이 불편하거나 특별히 힘든 곳이 있니?" • "네가 가장 중요하게 생각하는 사람이나 물건은 무엇이니?" • "가장 행복한 때는 언제이며, 가장 불행한 때는 언제였니? 힘든 시기 　를 이겨낸 힘은 무엇이었니?"
4유형 가정적 어려움 있는 가족고민형	• "가족 내에 어려움이 있는 것 같은데, 어떤 일인지 말해 줄 수 있니?" • "그 일이 너에게 특별히 크게 의미가 있는 이유를 알 수 있을까?" • "그 일의 해결을 위해 어떤 노력을 해 보았니? 그리고 그 일이 너의 　힘으로 해결할 수 있는 일이라고 생각하니?"
5유형 학업 문제가 있는 제도권 교육 거부형	• "학교와 학교생활에 대해 어떻게 생각하고 있니?" • "학교는 너에게 어떤 의미니? 학교 제도를 바꾼다면 어떻게 만들어 　보고 싶니?" • "학업성적에 대해 만족하니? 성적을 올리기 위해 어떻게 해 보았니?"

step 7. 해결하고자 하는 구체적인 문제 선정하기

활용 양식 및 활동지

활동지 2-32. 나의 유형과 극복 과제
활동지 2-33. 마법의 지팡이

등교거부 학생의 특성상 여러 요인이 복합적으로 작용하여 학생 자신도 무엇
이 가장 문제가 되는지 애매하게 느낄 수도 있다. 어떤 경우이든 무작정 학교에
나오지 않는 등교거부는 문제의 해결 방법이 되지 않음을 분명히 한다. 학교상담
자는 학생과 협의를 거쳐 탐색 과정에서 드러난 문제 중 우선순위를 정하고, 등
교를 위해 가장 먼저 해결하고자 하는 구체적인 문제를 함께 선정한다. 만약 자

퇴나 전학 등을 원하고 있다고 해도, 정상 등교를 하며 그 목표를 위해 새로운 계획을 세워야 함을 강조한다. 학생이 해결하고자 하는 문제가 등교에 직접적으로 도움이 되지 않는 주제라 하더라도, 거시적 관점에서는 영향을 미칠 수 있으므로 문제를 함께 탐색한다.

step 8. 도달하고자 하는 구체적인 목표 설정하기

활용 양식 및 활동지
활동지 2-34. 내가 찾은 해결 방법

해결하고자 하는 구체적인 문제가 어떻게, 어느 정도 해결되기를 바라는지 탐색하고, 그것을 위해 무엇을 할지 목표를 설정한다. 목표는 그 달성 여부를 분명히 알 수 있도록 구체적으로 설정한다. 등교거부가 큰 문제를 지닌 '증상'이 아니라 문제해결을 위한 하나의 '방법'이었다는 것을 인식하도록 한다. 방법은 효율적이지 못할 수 있으므로 더 나은 방법을 찾아보며, 자신이 진정으로 바라는 것에 대한 인식을 높이도록 한다.

② 계획 단계

step 1. 원하는 자아상과 미래조망 탐색하기

활용 양식 및 활동지
활동지 2-35. 그래, 결정했어

원하는 것이 달성되었을 때 자신이 무엇을 할 수 있는지 생각해 보게 한다. 등

교거부의 원인이라고 인식하고 있던 다양한 문제 상황 중 선택된 우선순위의 문제들이 해결되었을 때 자신이 할 행동의 방향을 예상해 보게 한다. 여기서는 미래에 대한 조망을 넓히고 자신에게 선택의 능력이 있음을 강조한다. 등교거부 또한 자신의 많은 선택 중 하나이므로 다른 선택 또한 가능함을 인식하도록 한다.

step 2. 문제해결을 위한 다양한 방법 찾기

활용 양식 및 활동지
활동지 2-36. 다시 시작하기 위해 활동지 2-37. 아이디어 뱅크

등교를 거부하는 고등학생은 자신이 당면한 문제에 대해 제한적인 시각으로 보고 있는 경우가 많다. 지금 자신이 하고 있는 행동(등교거부)도 문제해결 방법의 하나이지만 다른 문제해결 방법도 존재할 수 있음을 인식하도록 상담을 진행한다. 문제해결의 다양성에 대한 인식은 조망 능력을 향상하고 등교거부 행동을 중단하는 데 반드시 필요한 과정이다.

step 3. 목표 달성을 위한 구체적인 계획 세우기

활용 양식 및 활동지
활동지 2-38. 해결의 실타래 풀기 활동지 2-39. 나에게 학교는

가장 실현 가능한 목표를 중심으로 구체적인 계획을 세우는 단계다. 계획은 다음의 '효율적인 계획을 세울 때 고려해야 할 사항'을 참고로 수립하고, 이후 기

준에 부합하는지 다시 한 번 살피며 수정한다. 수정 후에는 마지막으로 확실하게 약속하는 단계를 거친다. 구체적인 계획 속에 등교하는 연습 등도 포함될 수 있다. 중요한 것은 성공 경험을 할 수 있는 계획을 세움으로써 자신의 통제력을 회복할 수 있도록 돕는 것이다. 학교의 의미를 탐색하는 활동을 통해 등교거부 학생의 학교에 대한 인식을 다시 한 번 확인한다.

효율적인 계획을 세울 때 고려해야 할 사항

- Simple   - 계획은 단순해야 한다. 계획이 너무 복잡하면 수행될 수 없다.
- Attainable   - 계획은 도달할 수 있는 것이어야 한다. 즉, 계획은 현실적이어야 한다.
- Measurable - 계획은 측정할 수 있어야 한다. 계획은 구체적이고 정확해야 한다.
- Immediate   - 계획은 즉각적이어야 한다. 계획은 가능한 한 빨리 수행되어야 한다.
- Controlled   - 계획은 계획자에 의해 통제되어야 한다. 계획은 다른 사람이 하는 것에 의존하지 않는다.
- Consistent - 계획은 일관성이 있어야 한다. 가장 훌륭한 계획은 정규적인 근거로 반복된다.
- Committed   - 계획은 이행하겠다는 언약이 있어야 한다. 계획은 확고한 의지를 바탕으로 수행되어야 한다.

* 출처: 『현실요법의 적용』 (2005)

③ 실행 단계

step 1. 계획 실행하기 – 실행에 대해 평가하기

반드시 일정 실행의 시간이 경과한 후 평가를 진행한다. 평가는 전체 개입 기간 중 중반부 혹은 후반부에 하며, 학생이 약속한 계획을 어느 정도 실행했는지 점검하고, 잘 진행된 부분에 대해서는 긍정적 피드백을 주고받고 부족한 부분에 대해서는 계획을 수정한다.

step 2. 계획 수정하기

평가 후, 실행의 어려움을 기반으로 하여 계획을 수정한다. 계획이 제대로 실행되지 못했다면, 반성에 집중하기보다는 실현 가능하고 자기가 통제할 수 있는 과제 중심으로 계획을 수정해서 성공 경험의 기회를 얻을 수 있도록 한다.

step 3. 재실행하기

수정된 계획에 대해 재실행하도록 격려한다. 이때는 정상 등교의 필요성에 대해 강조하고, 일정 시간이 지나고 나면 학칙에 따라 처분이 있을 수 있음을 주지시킨다.

step 4. 재실행에 대해 평가하기

재실행하기로 한 계획들이 실제로 수행되었는지 평가한다. 이때는 평가의 주체를 학생에게 옮겨 줌으로써 스스로의 점검 능력을 향상시키도록 한다.

step 5. 등교를 위한 준비사항 점검하기(경과 단계 전 학급생활 예상하기)

활용 양식 및 활동지
활동지 2-40. 나의 미래 설계
활동지 2-41. 우리 반에 가면

경과 단계 전 마지막 회기로서 학급으로 돌아갈지 학업을 중단할지를 결정하는 시기다. 학급으로 돌아가기로 결정이 되면, 학급생활을 예상하고 어려운 점과 대응 방법에 대해 함께 생각한다.

step 5-1. 학업중단에 대비할 사항 점검하기(학업중단 관련 대비할 점 예상하기)

이 단계까지 진행했음에도 학업중단으로 결정이 된다면, 학업중단 후의 진로에 대해 다방면으로 의견을 나눈다. 필요한 사항(검정고시 준비, 대학입시, 외부 프로그램 연계)을 논의하고 학생에게 정보를 제공한다.

학생상담에서 활용할 수 있는 질문들

하위 단계	질문 내용
탐색 단계	• "학교에 오랜만에 왔구나. 용기 내기 어려웠을 텐데 고맙다. 지금 기분은 어떠니?" • "여기, 학교에 오기 어려운 정도를 측정하는 10점 만점의 척도가 있어. 0점은 어려움이 하나도 없는 상태, 10점은 도저히 학교에 다닐 수 없는 상태야. 지금 너는 몇 점 정도에 있니? 지금 그 점수가 몇 점 정도가 되면 다시 학교에 다닐 수 있을 것 같니? 그 점수로 변화하기 위해서는 무엇이 어떻게 달라져야 한다고 생각하니?" • "학교에 오지 않기로 결정하기까지 힘든 일이 많이 있었겠지? 결정적으로 학교에 오지 않는 계기가 된 사건을 말해 줄 수 있겠니?" • "그 사건이 등교를 못할 만큼 너에게 큰 의미가 있는 이유는 무엇이니?" • "학교에 오지 않으면서 나아진 점이 있다면 어떤 것이었니?" • "학교에 오지 않으면서 힘든 일은 어떤 것이 있었니?" • "학교에 오지 않을 때 어떻게 시간을 보냈니? 친구관계, 가족관계 등은 어땠니? 집에 주로 있었니? 바깥 활동은 무엇을 하며 지냈니?" • "지금 이대로 학교에 계속 결석한다면 어떤 결과가 있을 것 같니? 너 자신의 현재와 미래, 진로에 대한 영향과 가족관계, 친구관계에서의 변화에 대해서도 생각해 볼까?" • "너의 지금 결석일수는 10일로 이제 며칠 더 결석하게 되면 자퇴나 퇴학 처분을 받게 된다는 걸 알고 있지? 네가 학교에 다시 나오기로 선택하려면 어떤 문제가 어떻게 해결되어야 하는지 말해 줄 수 있겠니?" • "결석 자체가 너의 목표는 아니지? 네가 정말로 원하는 것은 무엇이니? 그것을 위해서 너는 어떤 일들을 해 보았니? 네가 한 노력들이 네가 정말 원하는 것을 얻는 데 도움이 되었니? 그렇다면 또 다른 어떤 방법이 있는지 함께 찾아보는 건 어떨까?" • "그 문제를 해결하는 데는 여러 사람의 노력이 필요하겠구나. 그중에서 너와 내가 함께 할 수 있는 노력은 무엇이 있는지 찾아보자."

계획 단계	• "그 문제를 해결하는 것이 쉬운 일은 아닌 것 같구나. 그래도 우리가 상담을 하면서 조금씩 해결해 보도록 하자." • "오늘 저녁에 상담을 하고 집에 갔는데, 기적이 일어난 거야. 그래서 내일 아침에는 우리가 해결하고 싶은 문제가 바라는 대로 해결이 되었는데 너는 아직 기적이 일어난지 모르고 있는 거지. 그때 무엇을 보면 '아, 어젯밤에 기적이 일어났구나.' 하는 생각을 하게 될까?" • "네가 어려운 문제를 해결하기 위해 노력하다가 결석을 하게 되었다는 걸 알게 되었어. 그런데 결석하는 것이 문제해결에 별 도움이 안 된다는 것도 알게 되었고 말이야. 그래서 우리가 다른 방법을 찾아보기로 했는데, 어떤 방법이 있을까?" • "그 방법은 한번 해 볼 만하다고 생각하는 거지? 그렇다면 그것은 언제 어디서 어떻게 해 볼 수 있을까?" • "연습이 필요하면 선생님과 함께 한번 미리 해 보고 가 보도록 하자." • "우리가 다음 시간까지 그 계획을 행동으로 옮기기로 했지? 실행에 대한 약속을 해 보자. 반드시 지키도록 노력하는 것이 중요하고, 해 보면서 어려운 점들이 생기면 다음 시간에 함께 이야기 나누면서 계획을 바꾸도록 하자."
실행 단계	• "지난 시간에 우리가 계획을 세운 일들이 있었지? 어떻게 진행되었니?" • "계획을 행동으로 옮기는 데 어려운 점은 어떤 것이 있었니? 좀 수정되어야겠다는 생각이 드는 부분은 무엇이었니?" • "새로운 계획을 연습해 볼까?"

(2) 학부모 상담/자문

촉진적 관계 형성 ⇨ 감정 다루기 ⇨ 학부모의 바람 탐색
⇨ 해결을 위한 방법 탐색 ⇨ 실행 ⇨ 제2의 상담자 되기

회기	주요 개입 내용
1 (2일차)	• 촉진적 관계 형성하기 및 상담의 구조화하기 • 부모가 파악하고 있는 자녀의 등교거부 이유에 대해 탐색하기 • '멈추기' 서약 및 변화에의 기대 파악하기 • 자녀의 변화를 돕기 위해 할 수 있는 방안들을 탐색하고 실행하기 • 의사소통과 양육방식 등 가정적 요인 탐색하기

2 (5일차)	• 프로그램 시작 후 일주일간 자녀의 생활에 대해 탐색하기 • 과제 점검하기(자녀의 변화 알아차리고 표현하기) • 가정에서의 대처 사항들을 점검하고 수정하기 • 자녀를 돕기 위한 제2의 상담자가 되기로 약속하기

이 프로그램에서 학부모는 등교거부 학생을 위한 조력자 역할을 담당한다. 그러므로 학부모상담에서는 학부모 개인의 문제에 대한 탐색 등도 이루어질 수 있지만 학생을 돕기 위한 과정에 더 중점을 두고 개입한다.

Step 1. 촉진적 관계 형성하기 및 상담의 구조화하기

활용 양식 및 활동지
양식 3. 프로그램 및 상담 일정표(상담구조화용)

현재 자녀의 어려움을 털어놓게 하는 것이 가장 중요하다. 이때는 자녀가 학교에 가지 않고 5일이 경과한 시점이기 때문에 대부분의 부모는 극심한 스트레스를 받고 있을 수 있다. 따라서 문제점에 대한 탐색보다는 충분히 자녀의 감정을 들어주고 상담자가 열정과 전문성을 가지고 있음을 알리는 것이 가장 우선적 과제다. 개입의 전체 일정에 대해 설명하고, 학부모상담과 통합상담의 일자를 함께 정한다.

Step 2. 부모가 파악하고 있는 자녀의 등교거부 이유에 대해 탐색하기

부모가 파악하고 있는 자녀의 등교거부 이유에 대해 탐색하고, 자녀가 호소하는 원인과의 차이점을 파악한다. 학생과의 상담이 있었다면, 학부모가 궁금해하는 사항 중 학생이 알리는 것을 승낙한 내용에 대해서는 학부모에게 알림으로써 현 상황에 대한 파악을 돕는다. 학생의 등교거부 유형이 파악되었다면 그 유형에 해당하는 설명서를 학부모에게 제시하고 이해를 돕는다.

Step 3. '멈추기' 서약 및 변화의 기대 파악하기

프로그램 중에 멈추어야 할 것 등을 정하고 서약한다. 멈추기의 내용은 첫째, 학생과 관련된 중요한 결정(예: 학업중단 등), 둘째, 가정에서의 비난이나 비판적인 의사소통, 셋째, 부모의 좌절 및 포기 등이 될 수 있으며, 학부모와 의논하여 결정한다. 또한 자녀의 변화에 대한 기대를 파악하는 한편, 프로그램 과정 중에 아주 작은 것이라도 변화의 내용을 찾아 가정에서 자녀에게 표현하도록 하고 다음 회기까지의 과제로 제시한다.

Step 4. 자녀의 변화를 돕기 위해 할 수 있는 방안을 탐색하고 실행하기

학부모는 무조건 등교를 원할 것이다. 그러한 마음에 대해서는 공감하되, 쉬운 과정이 아님을 반드시 설득해야 한다. 프로그램에 대해 충분히 안내하고, 그 기간에 등교 결정을 제외한 모든 중요한 결정은 유보하기로 약속한다. 자녀의 변화를 위한 여러 가지 방법 중 학부모가 바로 실천할 수 있는 내용을 정하고, 실행하도록 격려한다.

Step 5. 의사소통과 양육방식 등 가정적 요인 탐색하기

학부모는 가정과 관련된 이야기를 털어놓기 어려워할 수도 있다. 그러나 학생을 돕기 위해서는 부모의 도움이 절실함을 설득하고, 양육태도와 의사소통에 대한 점검과 변화에 동참해 줄 것을 약속받는다. 특히 학생이 4유형(가족고민형)일 경우에는 더욱 자세한 개입이 필요하다. 이때는 다음 회기에 올 때까지 자녀의 아주 작은 변화라도 무조건 찾고 격려하도록 하는 과제를 제시한다. 만약 학부모가 방법을 자세히 알기를 원한다면, 역할극 등을 통해 자녀의 변화를 격려하는 방법을 연습하도록 한다. 학부모의 호소 문제에 따라 다음 심리검사를 추가로 진행할 수도 있다.

학부모의 호소 문제별 활용 가능한 심리검사

호소 문제	종류	검사 방법
자녀의 특정 행동을 도저히 이해할 수 없다.	• 성격 유형을 알 수 있는 검사 (MBTI, 애니어그램 등)	부모와 자녀 동시 검사
자녀에게 정신적 문제가 있는 것 같아 불안하다.	• 정신병리를 알 수 있는 검사 (MMPI-A, NEO 등)	자녀 검사 후 결과에 대한 학부모상담
자녀의 진로를 어떻게 도와주어야 할지 모르겠다.	• 진로흥미검사(Holland 등)	자녀 검사 후 결과에 대한 학부모상담
왜 나에게 어려운 이야기를 안 하는지 모르겠다.	• 양육태도 관련 검사	학부모 검사
내 잘못인 것 같은데 어디서부터 시작해야 할지 모르겠다.	• 의사소통 관련 검사	학부모 검사
다 포기하고 싶다. 지금 내가 너무 우울하다.	• 우울 관련 검사(BDI 등)	학부모 검사

Step 6. 프로그램 시작 후 일주일간 자녀의 생활에 대해 탐색하기

일주일간 자녀의 변화에 대해 탐색한다. 일상적인 생활양식(수면, 식사, 놀이 등)부터 특별한 활동까지 부모가 인지한 자녀의 생활을 이야기하도록 한다. 특히 상담 후 가정으로 돌아갔을 때의 자녀의 행동과 부모의 대처에 대해 자세히 알아본다.

Step 7. 과제 점검하기(자녀의 변화 알아차리고 표현하기)

자녀의 변화를 알아차리고 표현한 과제를 점검한다. 과제를 조금이라도 하였다면 상담자는 크게 격려할 필요가 있으며, 이후에도 계속적으로 자녀의 변화를 알아차리고 표현할 것을 약속한다.

Step 8. 가정에서의 대처 사항들을 점검하고 수정하기

프로그램 시작 후 가정에서 발생했던 다양한 상황에 대해 점검한다. 특히 문

제상황들에 대해서는 대처 방법을 자세히 탐색한다. 상담자는 학부모의 작은 노력과 변화에도 민감하게 반응하며 학부모를 격려한다.

Step 9. 자녀를 돕기 위한 제2의 상담자가 되기로 약속하기

부모가 자녀의 상담자가 될 것을 약속한다. 이를 위해 부모에게 상담 관련 서적이나 영상(다큐멘터리 등)을 추천하거나 상담연수 등을 추천한다.

(3) 교사 자문/상담

감정 다루기 ⇨ 학생의 등교거부 원인과 해결법 탐색
⇨ 프로그램 안내 ⇨ 프로그램 참여 ⇨ 재발 방지를 위한 노력

회기	주요 개입 내용
1 (2일차)	• 등교거부 학생 관련 교사의 어려움에 대해 탐색하기 • 교사가 파악한 등교거부 이유와 해결법 탐색하기 • 학생이 결석을 시작하고 난 뒤 지금까지의 개입 상황 파악하기 • 프로그램에서의 담임교사의 역할 안내하기
2 (11일차)	• 현재까지의 프로그램 진행 상황 안내하기 • 경과 단계와 마무리 단계에서의 담임교사의 역할 안내하기
3 (15일차)	• 프로그램 참여에 대한 감사와 격려하기 • 종결 이후 학생의 재발 방지를 위한 방안 모색하기

담임교사 또한 등교거부 학생을 위한 조력자 역할을 담당한다. 이 프로그램에서는 담임교사의 역할이 아주 중요하다. 담임교사의 적극적인 협조와 조력이 없이는 프로그램의 원활한 진행이 어려울 수 있으므로 사전에 충분히 협력적 관계를 형성해 두어야 한다.

Step 1. 등교거부 학생 관련 교사의 어려움에 대해 탐색하기

활용 양식 및 활동지
양식 3. 프로그램 및 상담 일정표(상담구조화용)

　학생의 등교거부는 자신뿐 아니라 주변의 많은 곳에 영향을 미친다. 특히 담임교사는 학생의 등교거부로 큰 스트레스를 겪는 경우가 많다. 교사 자문의 첫 단계에서는 담임교사의 어려움에 대한 충분한 공감적 탐색이 필요하다. 개입의 전체 일정에 대해 설명하고 교사 자문과 통합상담의 일자를 함께 설정한다.

Step 2. 교사가 파악한 등교거부 이유와 해결법 탐색하기

　담임교사도 학생의 등교거부 상황에 대해 많은 고민을 하고 있을 것이다. 교사가 파악하고 있거나 예상하는 학생의 등교거부 이유와 해결 방법에 대해 탐색해 본다. 학생의 등교거부 유형이 파악되었다면 그 유형에 해당하는 설명서를 담임교사에게 제시하고 이해를 돕는다.

Step 3. 학생이 결석을 시작하고 난 뒤 지금까지의 개입 상황 파악하기

　등교거부 후 3~5일 경과 시점이기 때문에 담임교사는 여러 방법으로 학생상담과 학부모상담을 진행하고 있을 것이다. 그동안의 노력에 대해 격려하고, 개입 상황을 파악한다. 이때 학부모의 협조 정도 등 상담 진행에 유용한 정보를 함께 파악한다.

Step 4. 프로그램에서의 담임교사의 역할 안내하기

　프로그램 전체 요소에 대해 설명하고, 그 과정에서 담임교사가 반드시 담당해 주어야 하는 역할에 대해 설명한다.

Step 5. 현재까지의 프로그램 진행 상황 안내하기

담임교사에게 현재까지의 프로그램 진행 상황에 대해 안내한다. 학생에 관련하여 담임교사가 알아두어야 할 전반적인 내용을 전달하고 공유한다.

Step 6. 경과 단계와 마무리 단계에서의 담임교사의 역할 안내하기

경과 단계는 학생이 상담자의 도움 없이 학급에 적응하는 기간이다. 이때는 담임교사의 세심한 배려와 관찰이 필요함을 인식하게 한다. 학생의 등교 시간 등을 체크하게 될 것을 알리고, 업무를 조정한다.

Step 7. 프로그램 참여에 대한 감사와 격려하기

학생을 위해 전체 과정에 참여해 준 담임교사에 대한 감사를 전한다.

Step 8. 종결 이후 학생의 재발 방지를 위한 방안 모색하기

등교거부가 재발할 수 있음과 추수상담이 가능함을 알린다.

(4) 학생 · 학부모 통합상담

서로에 대한 기대 탐색 ⇨ 계획하기 ⇨ 실행하기 ⇨ 관계 회복 ⇨ 재발 방지를 위한 협력

회기	주요 개입 내용
1 (4일차)	• 프로그램 시작 후의 변화 탐색하기 (서로에 대해 진술) • 서로의 불만과 원하는 점 이야기하기 • 계획하고 실행하기
2 (11일차)	• 프로그램 시작 후의 변화 탐색하기 (서로에 대해 진술) • 프로그램 참여 소감 및 격려하기 • 프로그램 종료 후 서로에게 바라는 점 탐색하기

학생 · 학부모 통합상담은 학부모와 학생이 서로에 대한 이해를 넓히고 의사소통을 증진하며 등교거부 상황으로 생긴 갈등을 해소할 기회를 제공하기 위해 실시한다. 일정은 학부모의 여건에 따라 유동적이지만, 가능하면 학생 상담일과 같은 날 진행하며, 학생상담 후 진행하는 것이 이상적이다.

Step 1. 프로그램 시작 후 변화 탐색하기

프로그램 시작 후 서로의 변화에 대해 이야기한다. 이 과정은 각 회기의 첫 부분에서 공통적으로 실시한다. 학생은 학부모의 변화를, 학부모는 학생의 변화를 각자 이야기할 시간을 가진다. 일어나기 힘든 큰 변화에 중점을 두는 것이 아니라, 서로의 작은 노력이라도 찾아보고 이야기하도록 격려한다. 좋은 점과 발전된 점을 중심으로 이야기하도록 이끈다.

Step 2. 서로의 불만과 원하는 점 이야기하기

관계가 손상된 가족은 서로를 비난하거나 회피하며 지낼 확률이 많다. 그러나 이러한 가정 분위기는 학생의 등교거부 중단에 전혀 도움이 되지 않으며, 학부모를 제2의 상담자로 활용하고자 하는 이 프로그램의 목표에도 부합하지 않는다. 상담자는 가족상담자의 위치에서 관계의 회복을 위한 회기를 진행한다.

Step 3. 계획하고 실행하기

서로 다른 바람과 해결점에서 공통점을 찾아본다. 상담자는 두 사람의 바람 중에서 바로 실현 가능한 공통분모를 찾아내도록 격려한다. 그 부분이 선정되면, 각자 노력할 점을 정하고 계획하고 실행을 약속한다. 이때 학부모가 '학생이 등교만 하면'이라는 조건을 말할 수 있지만, 이러한 조건적 계획은 관계에 손상을 주게 되므로, 주제로 선정되지 못함을 분명히 한다.

Step 4. 프로그램 참여 소감 나누기 및 격려하기

프로그램에 참여한 소감을 서로 이야기하고 그동안의 노력에 대해 격려하게 한다. 이때는 상대에 대한 격려뿐 아니라 자신에 대한 격려도 하도록 한다.

Step 5. 프로그램 종료 후 서로에게 바라는 점 탐색하기

프로그램 종료 후 서로에게 바라는 점과 걱정되는 점 등을 나누게 한다. 한 사람이 염려되는 점을 이야기하면 상대방이 그것에 대한 대책을 내놓는 방식으로 진행한다. 염려되는 점을 이야기할 때는 감정단어를 반드시 넣도록 하여 이 과정에서 부모와 자녀가 서로에게 미치는 영향을 인식하도록 한다. 만약 탐색과 표현에 어려움을 겪는다면 다음의 시나리오를 참고하여 연습하도록 한다.

서로에게 바라는 점 진술의 시나리오

"나는 네가 또다시 학교에 안 다닌다고 할까 봐 겁이 난다. 나는 이번에 네가 학교에 안 가서 많이 힘들고 슬펐거든."	"어머니가 걱정하시는 것 알겠어요. 힘들고 슬펐다니 죄송해요. 학교에 가기 싫은 마음이 또 생긴다면 그때는 상담실로 와서 먼저 의논하겠어요."
"아버지가 성적 때문에 스트레스를 줄까 봐 너무 걱정돼요. 그런 말을 들으면 가슴이 답답하고 그렇거든요."	"네가 걱정하는 것 알겠다. 가슴이 답답했다니 미안하구나. 그런 마음이 들 때면 지금 네 말을 떠올리며 다시 한 번 생각하고 이야기하도록 할게."
"나는 네가 노는 친구들이랑 다시 가출을 할까 봐 걱정이 된다. 네가 집을 나가면 나는 모든 것을 다 잃은 것처럼 느껴진단다."	"아버지가 걱정하시는 것 알겠어요. 모든 것을 다 잃은 것처럼 느껴지신다니 죄송해요. 가출하고 싶은 마음이 생겨도 다시 집을 나가지 않는다고 약속할게요."

3) 경과 단계

경과 단계는 등교거부 행동을 보이던 학생이 정상 등교를 시작하면 마무리 단계로 진행하기 전에 학급생활과 등교 관련 사항들을 살펴보는 단계를 말한다.

			역할 요소	세부 절차
경과 단계	2일간의 학생 등교 상황 관찰 →	마무리 단계	-	• 등교를 시작한 학생의 등교 상황 점검 • 담임교사와 협력하여 지각, 조퇴 상황 등을 점검

경과 단계에서 확인해야 할 내용

대상	내용
학생	• 정상 등교 여부
학부모	• 가정에서의 학생의 상태 • 아침에 등교하기 전 학생의 모습
담임교사	• 학생에 대한 학급 교우들의 반응 • 출석 상태 및 근태 상황(지각, 조퇴 등)

(1) 경과 단계의 진행

활용 양식 및 활동지
양식 4. 등교상황 체크리스트

① 상담자는 담임교사와 면밀히 연락하며 학생의 등교 상황 등을 점검해야 한다.

② 학생이 원한다면 개인상담을 따로 진행할 수 있지만, 주로 담임교사와의

연락을 통해 학급생활에 대해 확인하는 것이 좋다. 학생이 상담자의 도움 없이 등교와 학급생활을 해 나가는 단계이므로 학생에 대한 개입은 최소화한다.

③ 학교상담자는 방과 후 '양식 4. 등교상황 체크리스트'를 담임과 함께 작성하며 2일간의 등교 상황을 파악한다.

④ 2일 이상 정상 등교가 이어지면 종결상담을 하고 추수상담에 대해 안내한다.

양식 4. 등교상황 체크리스트

등교상황 체크리스트

• 학 생 : 학번   이름
• 기 간 : 20 .   .   . (   ) ~ 20 .   .   . (   ), 총   일간

1. 일자별 등교상황

일자			등교 시간	하교 시간	결과/조퇴 지각 여부	특이사항
1	월	일 요일				
2	월	일 요일				
3	월	일 요일				
4	월	일 요일				
5	월	일 요일				
6	월	일 요일				
7	월	일 요일				
8	월	일 요일				
9	월	일 요일				
10	월	일 요일				
11	월	일 요일				
12	월	일 요일				
13	월	일 요일				
14	월	일 요일				
15	월	일 요일				

2. 담임의견

3. 상담자의견 (종결, 의뢰, 기타)

4) 마무리 단계

경과 단계에서 2일 이상 정상 등교가 이루어졌다고 판단되면 마무리 단계를 진행한다. 학생과 종결상담을 통해서 앞으로 일어날 수 있는 일들에 대해 탐색과 준비를 하며, 추수상담에 대한 안내를 한다.

만일 1, 2단계의 개입에도 학생의 정상 등교가 이루어지지 않으면 외부 의뢰를 진행한다. 이것은 1단계에서 상담 동의를 얻지 못해 개입이 이루어지지 않았을 때도 마찬가지다. 학교상담자는 외부 의뢰기관에 대해 정보를 충분히 확보하여 직접 의뢰하거나 학부모에게 기관에 대한 안내를 한다.

	역할 요소	세부 절차
	종결 상담	• 학생이 2일 이상 정상 등교하면 종결상담 진행 • 적응적 학교생활을 위한 계획 탐색 후 추수상담 계획
	의뢰 종결	• 정상 등교가 불가능하면, '양식 5. 상담의뢰서(외부 의뢰용)'를 작성하여 외부기관에 직접 의뢰 후 종결(또는 학부모에게 안내) • 1단계에서 상담에 동의하지 않을 경우 '양식 5. 상담의뢰서(외부 의뢰용)'를 작성하여 외부기관에 의뢰(또는 학부모에게 안내)
	추수 상담	• 의뢰의 경우는 외부기관에 상담 경과 확인 • 학생 대상 재발 방지를 위한 학교적응 중심의 상담 • 학부모 대상 현재 자녀의 생활 관련 상담

마무리 단계에서 확인해야 할 내용

대상	내용
학생	• 정상 등교 이후 학교생활의 계획 • 학교생활의 적응을 위해 필요한 사항(진로 계획 및 학업 계획 등) • 재발 가능성과 상담실에 다시 올 수 있음을 인지 • 상담 과정에 대한 평가
학부모	• 자녀와의 소통을 위한 노력 • 재발 가능성과 상담실에 다시 올 수 있음을 인지 • 의뢰의 경우는 외부 지원에 대한 접근성, 경제적 상황 등
담임교사	• 등교거부 학생의 적응을 위한 학급 분위기 조성 • 출석인정 등 행정적 처리의 확인

(1) 종결상담

① 학생상담

• 정상 등교가 시작되고 2일이 지나면 종결상담을 실시한다. 종결 시에는 등교거부 행동이 재연될 수 있음을 상기시키고 대비하도록 한다. 즉, 예상되는 상황에 대해서는 역할연습 등을 통해 새로운 문제해결 방법을 정착시키고 정상 등교 행동이 지속될 수 있도록 한다.
• 학생에게 다른 해결되지 못한 문제들이 있다면, 추수상담 또는 기타 프로그램이 있음을 안내한다.

② 학부모상담

• 그동안의 노력에 대해 격려하고, 소감을 나눈다.
• 등교거부 행동은 언제든 재발할 수 있음을 알리고, 프로그램을 통해 배운 점이나 반성한 점을 바탕으로 자녀와의 의사소통 및 지도 역량을 강화하도록

한다.
- 이후 상담이 가능하다는 것을 안내한다.

(2) 의 뢰

활용 양식 및 활동지
양식 5. 상담의뢰서(외부 의뢰용)

① 지금까지의 프로그램 실시에도 학생의 정상 등교가 이루어지지 않을 때나 준비 단계에서 상담 동의를 얻지 못해 개입이 불가능한 경우 외부 의뢰를 진행한다.
② 학교상담자는 외부 의뢰기관에 대한 정보를 사전에 충분히 확보하여야 한다.
③ 직접 의뢰하거나 학부모에게 기관에 대한 안내를 한다. 외부기관은 학생의 상황에 따라 병원이나 일반상담실이 될 수 있으며, 가정의 여건에 따라 위치나 비용, 전문가의 유무 등을 고려하여 안내하도록 한다.
④ 학교상담자는 상담의 진행 과정을 요약한 '상담의뢰서'를 작성하여 의뢰기관에 기초 자료를 제공한다.

(3) 추수 단계 – 추수상담

① 종결 후 학생이 원할 때는 학교적응을 위한 추수상담을 실시한다. 등교거부라는 위기 상황은 해결이 되었지만 학생의 문제 상황이 해결된 것은 아니기 때문이다.
② 추수상담은 일반 학생 대상일 때와 마찬가지로 기존 학교상담실의 운영 체제에 따라 진행한다.

양식 5. 상담의뢰서 (외부 의뢰용)

상담의뢰서

학생 인적사항

   학교   학번   이름

   성별   생년월일   연락처

가족관계의 특이사항 및 학부모(주양육자) 연락처

   학부모의 이름, 관계, 주소, 연락처

   가족관계에서의 특이사항

결석일수

   현재 학년에서의 결석일수 총   일

   최근의 연속적 결석일수 총   일 (월   일   요일 ~   월   일   요일)

상담 의뢰 사유

   학생이 보고하는 결석 이유

   학부모가 보고하는 결석 이유

   학교상담자가 파악한 결석 이유

   상담 의뢰 사유 및 상담자 연락처

특이사항

   이전 학교급 및 학년에서의 등교거부 경험 유무

   복학생, 전학생 여부

   현재 총 결석일수(법적 출석일수 대비 남은 일수)

                         20   .   .

                         직   성명   (인)

붙임 1. 학생의 각종 심리검사 결과(정서행동특성검사, 표준화심리검사)

      2. 상담자 의견서 및 참고자료

마무리 단계에서 활용할 수 있는 질문

대상	질문 내용
학생	• "네가 학교에 다시 나오게 되어 나도 무척이나 기쁘다. 지금 너의 기분이나 느낌은 어떠니?" • "앞으로 학교생활을 좀 더 잘하기 위해서는 무엇을 준비하는 것이 좋을까? 어떤 계획들이 있니? 학업에 대한 계획은 어떻게 생각하고 있니? 진로는 어떻게 계획하고 있니? 그것을 위해서는 무엇을 해야 할까?" • "정상적인 등교를 결정한 너의 용기에 박수를 보낸다. 그러나 너를 힘들게 하던 일들이 완전히 해결된 것은 아니기 때문에 또 다시 학교에 오기 싫어질 수도 있어. 그럴 때는 어떻게 해 볼 수 있을까? 힘들 때는 언제든지 상담실에 다시 와도 된단다." • "우리가 지난 2주 동안 열심히 상담을 하고 계획을 세우고 또 연습하고 그런 과정을 거쳐 왔구나. 너는 전체 상담 과정에 대해 어떻게 생각하니? 너에게 도움이 되었니? 도움이 되었다면 어떤 점이 도움이 되었는지 궁금하구나." • "네가 학업중단을 하기로 결정을 내린 것이 아쉽지만, 그래도 프로그램에 참여하고 노력해 주어 고맙다. 학업중단 후의 진로를 위해서 준비해야 할 사항에 대해 같이 이야기를 해보고 싶구나."
학부모	• "자녀가 다시 학교로 나오기로 결정을 해 주어 저도 기쁩니다. 그렇지만 언제든 다시 등교를 거부할 수 있다는 것을 알고 계셔야 합니다. 그럴 때는 상담실로 바로 상담하러 오셔도 됩니다. 물론 다른 주제의 상담도 얼마든지 가능합니다." • "자녀의 답답함을 참아내시느라 수고가 많으셨어요. 앞으로도 자녀와의 의사소통을 위해 계속적으로 노력해 주실 것을 믿습니다." • "학교상담을 원하지 않으신다니 외부기관을 연계해 드리겠습니다. 학생과 함께 외부기관을 방문할 수 있으신지요? 경제적인 여건은 어떠신지요?"

부록 활동지

【활동지 1-1】 유형질문지

유형질문지
일시 : 20 년   월   일(   ) 학번 :   이름 :
결과   **유형** 가장 높은 점수가 나온 것이 1개이면 해당 유형 가장 높은 점수가 나온 것이 2개이면 2개의 복합유형

＊다음의 모든 문항에 대해 답하세요. 내용을 잘 읽고, 각 문항이 자신의 마음이나 생각을 잘 설명한다고 생각하면 '그렇다'에, 잘 설명하지 못한다고 생각하면 '아니다'에 체크하세요.

	1유형	그렇다	아니다
1	학교에 나오는 날이지만, 학교 밖에서 친구들과 재미있는 것을 하려고 학교에 오지 않았다.		
2	이상하게 학교에 가려고 하면 몸이 아프거나 우울해서 학교에 오지 못했다.		
3	아침에 일어나기 힘들고 귀찮아서 학교를 그만두고 싶다.		
4	학교에서 친구들이 나를 따돌리거나 뒷담화하는 것이 두려워 학교에 오지 않았다.		
5	부모님이 학교에 가라고 억지로 부탁을 해서 할 수 없이 학교에 다닐 뿐이다.		
	유효답변수		개

	2유형	그렇다	아니다
1	학교에서 요구하는 규칙과 제약들에 숨이 막혀서 학교에 오기 싫다.		
2	나는 지금 돈을 벌고 싶고, 돈을 벌어야하기 때문에 학교에 오지 않았다.		
3	꾸중이나 지적을 많이 하는 선생님과의 갈등 때문에 학교 다니기가 지긋지긋하다.		
4	나는 솔직히 여태까지의 부모님의 잘못에 대항하고 싶어서라도 학교에 다니기 싫다.		
5	학교보다 바깥에서 하는 활동이나 노는 것이 더 재미있어서 학교에 가지 않았다.		
	유효답변수		개

3유형		그렇다	아니다
1	나는 요즘 아무것도 하기 싫기 때문에 학교에 오는 것도 아무런 의미가 없다.		
2	잘난 체하고 거슬리는 친구들 때문에 학교에 오기 싫다.		
3	지각이나 결석을 하고 싶지 않은데, 아침이면 몸이 무겁고 힘들어서 학교에 오지 못하겠다.		
4	자퇴한 친구들과 어울리기 위해 학교에 오지 않았다.		
5	부모님이나 가족의 관심이 족쇄 같고 지긋지긋하여 학교를 그만두고 싶다.		
유효답변수			개

4유형		그렇다	아니다
1	만일 부모님이 관심을 가져주고 나의 의견을 진지하게 들어준다면 학교에 오는 것이 더 쉬울 것이다.		
2	삶이 단조롭고 지루하고 우울해서 학교에 오지 않았다.		
3	지금 집안의 골치 아픈 문제가 해결되지 않는다면 나는 학교를 그만두고 싶다.		
4	틀에 박힌 공부를 하는 것이 싫어서 학교에서 공부하고 싶지 않다.		
5	학교에서도 집안의 복잡한 일들이 머릿속에서 떠나지 않아 아무것도 손에 잡히지 않는다.		
유효답변수			개

5유형		그렇다	아니다
1	졸업장을 위해 학교에 다니는 이 시간이 아깝고, 검정고시를 보는 편이 훨씬 시간이 절약된다.		
2	거의 매일 아침에 학교에 가느냐 가지 않느냐 하는 고민을 한다.		
3	서열화, 등급화하는 학교의 체제를 거부하기 위해 학교를 그만두고 싶다.		
4	지금 학교 선생님들과의 갈등이 해결되지 않는다면 학교를 그만두고 싶다.		
5	만일 성적이 내가 원하는 만큼 나온다면 학교에 다니는 것이 쉬워질 것 같다.		
유효답변수			개

유형질문지의 채점 및 결과 활용

목표	등교거부 원인 유형의 파악
실행 방법	**1. 질문지 작성** ① 학번과 이름, 일시를 적는다. ② 1유형에서 5유형의 전체 문항을 읽으면서 각 문항에 대해 '그렇다'와 '아니다'를 체크한다. **2. 질문지 채점** ① 유효문항수를 체크하여 각 유형의 아래쪽에 적는다. ② 유형별 홀수문항(1, 3, 5번 문항)은 '그렇다', 짝수문항(2, 4번 문항)은 '아니다'가 유효답변이다. ③ 가장 유효답변이 많은 유형을 선택하여 결과에 옮겨 적는다. ④ 유효답변수가 가장 많은 유형이 두 개일 경우 두 유형의 복합 유형으로 본다. ⑤ 유효답변수가 같은 유형이 세 개 이상일 경우는 ㉠ 검사문항을 다시 한 번 살펴보게 하고, ㉡ 그래도 세 가지 이상의 유형이 중복될 때는 해당하는 모든 유형의 설명을 보여 주고 학생 스스로 자신의 유형을 찾도록 한다. **3. 결과의 활용** ① 유형질문지의 결과에 해당하는 유형설명지를 학생과 함께 읽으면서 본인의 등교거부 상황에 대한 이해를 높인다. ② 복합유형의 경우 해당하는 두 개의 유형설명지를 함께 읽으면서 자신을 잘 표현한다고 생각되는 부분에 대해 이야기한다. ③ 학생의 동의를 얻어 학부모와 담임교사에게 이 결과를 제공해 학생의 등교거부 원인과 보호 요인 및 위험 요인에 대한 이해를 높인다.
유의 사항	유형질문지의 응답을 거부할 때는 적절한 질문을 통해 진행할 수도 있다.

【활동지 1-2】 유형설명지

제1유형 - 재미추구형

　이 유형의 학생들은 학교생활에서 재미를 느끼기보다 학교 밖의 활동에 재미와 흥미를 느끼는 경우가 많다. 친구관계가 좋아 친구들 사이에서 인기가 많다. 학교 안의 친구들도 많지만, 자퇴생 등 학교 밖 친구들과도 사이좋게 지내기 때문에 학교 밖 친구와 어울리기 위해 등교를 하지 않는 경우가 많다. 자유로운 것을 좋아하고 심각한 것을 싫어한다. 재미있고 신나는 일을 즐긴다.

　그러나 학교 밖 친구들과 어울리는 생활이 반복되면서 늦게 귀가하고 늦게 잠자리에 드는 등 생활의 제어가 어려워지며, 아침에 일어나기가 힘들고 귀찮아서 학교를 그만두고 싶은 마음을 가지기도 한다. 또한 학교에서 학생에게 요구하는 규칙과 제약들, 즉 두발 단속이나 교복 단속 등에 대해 숨 막혀 하는 경우가 많다. 부모님의 부탁이나 강요로 학교에 다니고 있기는 하지만 학교에서 의미를 찾지 못하는 경우다.

〈장점〉

• 친구관계가 좋으며 의리를 중요시한다. 자신의 이익보다는 친구의 어려움이나 부탁을 먼저 챙기는 편이다.
• 자유롭고 밝고 긍정적인 사고방식을 지녔다. 잘 놀고 분위기를 잘 타며, 예체능에 재능이 있는 경우가 많다.

〈생각해 볼 사항〉

• 이런 생활이 지속될 경우 2개월 후나 6개월 후의 자신의 모습을 생각해 보자.
• 자신이 진정으로 원하는 진로는 무엇이었으며, 그 진로에 고등학교 졸업이 어떤 의미가 있는지 생각해 보자.
• 부모님이 걱정하는 부분과 본인이 자신 있는 부분을 비교해 보고, 부모님께 이해받을 수 있는 부분에 대해 생각해 보자.
• 현재 답답하다고 느끼는 학교의 규칙이나 제약들에는 어떤 것이 있는지, 그리고 학교 졸업을 위해 그것을 어떻게 해결해 볼 것인지를 생각해 보자.

제2유형 - 교사갈등형

이 유형의 학생들은 자유롭고 정의로운 성향인 경우가 많다. 친구들과도 사이가 좋고 학급생활도 무난하게 잘 하는 편이다. 부모님이나 어른들에게는 예의 있게 행동하며 지킬 것은 지키는 학생들이다. 자유롭고 싶어 하는 욕구가 많지만 지켜야 할 것은 지키는 경우가 많다.

그러나 현재는 이러한 자유로운 성향에 기인하여 학교의 규칙과 제약에 어려움을 느끼며 교사들과의 갈등을 느끼고 있다. 학교에서 학생들에게 요구하는 규칙과 제약들에 대해 답답함을 느끼며 교칙을 어기는 경우도 종종 있다. 이로 인해 일부 교사들과 갈등이 있으며, 특히 지적이나 꾸중을 많이 하는 교사와는 눈에 보이는 대립을 하기도 한다. 이 유형의 학생들은 어른이라고 해서 무조건 복종하지는 않으며 차별이나 부당한 행동을 하는 일부 어른에 대해서는 잘못된 부분을 고쳐 주고 싶어 한다.

〈장점〉

• 비합리적인 것에 대한 비판 능력이 뛰어나며 정의감이 있다. 사회적으로 용인되는 것이라 해도 잘못된 것은 고쳐야 한다고 생각한다.
• 사람들과의 관계가 대체로 무난하며 친구들과의 관계도 좋은 편으로 학교생활을 무난하게 해 나간다.

〈생각해 볼 사항〉

• 사람은 누구나 잘못을 할 수 있음을 다시 한 번 생각해 보자.
• 일부 선생님과 갈등을 겪는 것을 너무 확대 해석하고 있는 것은 아닌지 생각해 보자. 자신을 믿어 주고 좋은 관계를 맺고 있는 어른들을 떠올려 보고, 그분들과 좋은 관계를 맺는 방법은 무엇이었는지 생각해 보자.
• 잠시 10년 후로 가 보자. 지금 고통스럽게 생각하는 사건에 대해 10년 후의 나는 어떻게 생각하고 판단하고 있는가?
• 현재 답답하다고 느끼는 학교의 규칙이나 제약들에는 어떤 것이 있는지, 그리고 학교 졸업을 위해 그것을 어떻게 해결해 볼 것인지를 생각해 보자.

제3유형 – 체력부족형

이 유형의 학생들은 감정에 대해 예민하고 정서가 풍부한 경우가 많다. 생각이 깊고 여러 가지 걱정을 많이 하는 편이다. 겉으로는 약해 보이지만 속으로는 강인한 면도 있어 소신 있게 결정하고 행동한다. 주변에 친구가 많이 있는 것은 아니라도 친하게 지내는 친구가 있어 그리 외로움을 느끼지는 않는다. 학생 신분에 어긋나는 일에는 별로 흥미를 느끼지 않는 편이다.

그러나 현재는 전반적으로 힘이 빠지고 의욕이 없는 상태다. 지각이나 결석을 하고 싶지는 않은데 학교에 가려고 하면 배가 아프거나 머리가 아프기도 해서 꼼짝할 수 없을 때가 자주 있다. 건강에 대해 걱정스러운 부분이 있다고 느끼고 있다. 삶이 단조롭고 지루하기도 하다고 느끼기도 한다. 별로 하는 일이 없는데도 아침이 되면 피곤해서 등교하는 것이 어렵게 느껴진다. 좌절하게 된 부분을 면밀히 탐색하여 성공 경험을 할 수 있는 계획을 세워 보는 것이 필요하며, 진로 좌절과 연결된 것은 없는지 확인해야 한다.

〈장점〉

• 감정이 깊고 풍부하다. 자신의 감정에 대해 예민하게 감지하는 능력이 있고 타인의 기분이나 감정에 대해서도 잘 알아차리고 공감하는 편이다.
• 생각이 깊고 인내심이 있는 편이다. 생각이 깊다보니 걱정을 하는 경우가 많고 그 때문에 우울해지기도 하지만, 스스로 조절해서 견디는 힘이 있다.

〈생각해 볼 사항〉

• 생각과 걱정만으로 해결되는 일은 아무것도 없다.
• 체력이 너무 떨어져 있는 것은 아닌지 점검해 보자. 바깥 활동도 많이 하고 맛있고 신선한 음식도 많이 먹는 것이 어떨까?
• 현재 피하고 싶고 우울한 기분이 들게 하는 일이 있을 것이다. 이전에 비슷한 감정이 들었을 때 이겨 낸 기억을 떠올려 보자. 자신만의 비법은 무엇이었나?
• 타인을 배려하느라 자신의 힘든 감정을 다른 사람에게 털어놓지 못하고 있는 것은 아닌지 생각해 보자. 사람은 서로 도우면서 살아간다. 믿을 만한 사람에게 어려움을 털어놓고 함께 답을 찾아보도록 하자.

제4유형 - 가족고민형

이 유형의 학생들은 가족에 대한 관심이 많은 편이다. 이상적인 가정을 꿈꾸며 자신이 할 수 있는 역할에 대해 생각하고 있다. 친구관계는 무난한 편으로 학급 내 친구들에 대해 이해심이 많다. 학교의 필요성에 대해 충분히 인식하고 있으며 학습에 있어서도 의욕이 있다.

그러나 현재 가정의 어려움이 있으며 그것이 학교생활에 좋지 않은 영향을 미치고 있을 수 있다. 부모님과의 관계나 의사소통에서 다소 부족함을 느끼고, 스스로가 충분히 이해받고 싶다는 욕구가 강하다. 집안의 문제를 계속 고민하는 경우가 많은데, 이로 인해 학교에서도 집중이 어려울 수 있고, 심할 경우는 집안 문제가 해결되지 않으면 학교를 그만두고 싶다는 생각을 하기도 한다.

〈장점〉

• 학업에 대한 의욕이 있으며 친구관계도 좋아 학교에서의 생활을 잘 한다.
• 가족에 대한 관심과 애정이 많으며 자신이 좋은 가정생활에 기여하고 싶은 의욕이 강하다.

〈생각해 볼 사항〉

• 자신이 책임질 수 있고 조절할 수 있는 것은 오직 자기 자신뿐이다.
• 가정의 문제 해결을 위해 자신이 기여할 수 있는 것은 어떤 부분인지 생각해 보자.
• 자신을 힘들게 하는 여러 가지 문제가 자신의 힘으로 해결 가능한 것인지 아닌지를 구분해 볼 필요가 있다.
• 타인에게 어려움을 털어놓고 고민을 나누는 것은 반드시 답을 얻기 위해서만은 아니다. 자신의 힘든 감정을 다른 사람에게 털어놓는 것만으로도 많은 힘을 얻을 수 있다. 사람은 서로 도우면서 살아간다. 믿을 만한 사람에게 어려움을 털어놓고 함께 답을 찾아보도록 하자.

제5유형 – 제도권 교육 거부형

이 유형의 학생들은 판단력과 분석력이 있으며 자기 주장을 분명히 하는 강점이 있다. 자신이 생각하는 것에 대해 논리적으로 의견을 펼칠 수 있으며 감정의 기복이 없는 편이다. 학업에 대한 의욕이 있고 수업이나 학교공부에 관심이 많다. 사회의 불합리한 것을 바로잡고자 하는 합리적인 사고방식을 가지고 있다. 거듭된 좌절로 일시적으로는 자신에 대한 무기력함을 느끼고 있을 수 있으나, 근본적으로는 강한 심리적 힘을 가지고 있는 학생이다.

그러나 이 유형의 학생들은 학업에 어려움이 있을 수 있다. 학업에 대한 의욕은 있으나 자신이 원하는 방식으로 공부하지 못한다는 생각을 하기도 한다. 좀 더 자유롭고 개성 있는 학습 방식을 원하지만 현실의 벽 앞에서 좌절하는 경우가 있다. 일반적인 사회인들의 생각에 반대하며 졸업장 자체에 대해 별 의미를 두지 않기 때문에 학교에 다니는 것에 의미를 느끼지 못할 수 있다.

〈장점〉

• 감정에 흔들리지 않고 논리적 · 이성적인 판단을 할 수 있다.
• 학업에 대한 의욕이 있으며, 자신만의 세계가 분명하다.

〈생각해 볼 사항〉

• 자신의 의사소통 방식을 점검해 보자. 자신이 생각하고 있는 것을 효과적으로 전달할 수 있는 방법을 생각해 보자.
• 자신이 진정으로 원하는 진로는 무엇이었는지, 그 진로를 위해 현재 해야 할 일을 생각해 보자. 올바른 사회를 위해 더 많은 영향력을 가지는 방법을 진지하게 생각해 보자.
• 자신의 능력과 현재의 위치에 대해 냉정하게 평가해 보고, 논리적으로 어떤 방법이 가장 효율적일지 생각해 보자.
• 현재 부당하다고 생각하는 사회 문제나 학교 규칙에는 어떤 것이 있는지, 그리고 그것을 어떻게 해결해 볼 수 있을지 생각해 보자.

【활동지 2-1】 서약서

프로그램 참여 서약서

나는 이번 프로그램에 참여하면서 다음 사항을 성실히 지킬 것을 약속합니다.

1. 프로그램에 진지하게 참여하겠습니다.
2. 정해진 날짜와 시간에 오도록 하겠습니다.
3. 만약에 사정이 생기면 사전에 상담선생님께 연락하겠습니다.
4. 나의 발전을 위해 모든 노력을 다하겠습니다.
5. 프로그램 종료 때까지 중요한 결정은 하지 않겠습니다.
   (학교에 다시 등교한다는 결정은 제외)
6.

20   년   월   일

이름 :   (서명)

〈상담 출결 확인〉

예약일	1	2	3	4	5	6	7
	월 일 요일 시 분	월 일 요일 시 분	월 일 요일 시 분	월 일 요일 시 분	월 일 요일 시 분	월 일 요일 시 분	월 일 요일 시 분
출결 확인							

진행 방식

제목	【활동지 2-1】 서약서
목표	프로그램 참여 의사의 확인과 서약
실행 방법	1. 서약서의 필요성에 대해 이야기한다. 학생 자신의 선택을 반드시 바꾸기 위해서가 아니라 최종적인 결정을 하기 전에 자신의 현재와 미래에 대해 심사숙고해 보는 과정이라는 점을 강조한다. 2. 5번 문항까지를 읽어 보게 하고, 마지막 6번 문항은 스스로 약속을 한 가지 정해서 쓰도록 한다. 학생이 이 활동을 어려워할 경우 교사가 적절한 예시를 몇 가지 말해 주는 것도 가능하다. ("선생님에게는 솔직하게 이야기를 하겠습니다.""프로그램 참가 중에는 휴대폰을 만지지 않겠습니다." 등) 3. 날짜와 이름을 쓰고 서명하도록 한다. 학생에게 사업가나 연예인처럼 멋진 서명을 하도록 권유한다. 4. 올 때마다 출결 확인을 받는다는 것을 이야기하고, 1회기에 날짜와 요일, 시간을 명기하고 상담자가 확인한다.
유의사항	참여 서약서는 프로그램 진행 기간에 지속적으로 사용하게 되므로 보관에 유의하여야 한다.

【활동지 2–2】 나의 뇌 구조

나의 뇌 구조

날짜/시간 ＿＿＿＿＿＿＿＿＿＿

학번/이름 ＿＿＿＿＿＿＿＿＿＿

진행 방식

제목	【활동지 2-2】 나의 뇌 구조
목표	현재의 관심사 파악과 촉진적 관계 형성
실행 방법	1. 재미있는 뇌 구조 관련 예시 그림을 보여 준다. 인터넷에서 '뇌 구조'라는 검색어를 넣으면 그 시기에 가장 인기 있는 연예인이나 드라마의 주인공을 대상으로 한 뇌 구조 그림들이 검색된다. 학생과 만나기 전 미리 재미있는 예시를 몇 가지 출력해 놓고 학생과 함께 가볍게 이야기를 나누면서 시작한다. 2. 자신의 뇌 구조를 그려 보도록 한다. 가장 큰 공간에는 요즘 가장 중요하게 생각하는 것이나 관심 있는 것을 써 넣도록 한다. 그다음 중요한 내용들에 대해 그림의 나머지 부분까지 모두 적도록 한다. 3. 사인펜이나 색연필을 이용하여 글씨나 배경에 색깔을 사용하게 한다. 4. 그림 속에 빠진 부분을 체크하고, 중요한 내용에 대해 이야기를 나눈다.
유의사항	제시된 그림을 사용하지 않고 스스로 생각하는 자기 '뇌 구조 그림'을 그리게 하는 것도 가능하다.

【활동지 2-3】 나에게 이것은

나에게 이것은 ○○○이다

날짜/시간 _____

학번/이름 _____

나에게

집은 　　　　　○○○○○이다.

가족은 　　　　○○○○○이다.

친구는 　　　　○○○○○이다.

돈은 　　　　　○○○○○이다.

의리는 　　　　○○○○○이다.

선생님들은 　　○○○○○이다.

(　　　　　)은 　○○○○○이다.

진행 방식

제목	【활동지 2-3】 나에게 이것은
목표	보호 요인과 위험요인 파악
실행 방법	1. 현재의 기분이나 상황을 다섯 글자로 말해 보도록 한다. 이때는 여러 가지 감정 카드(공감 카드 등)를 이용해서 자신의 감정을 이야기해 보는 활동을 미리 해 보는 것도 좋다. 2. 활동지에 있는 주제들에 대해 다섯 글자로 정의 내려 보게 한다. 특정한 주제에 대해 오래 생각하거나 응답하기를 꺼린다면, 상담자는 이 과정을 기억하여 이후 상담 장면에 활용한다. 3. 정해진 주제 외에 자신이 해 보고 싶은 것이 있으면 마지막 괄호 부분을 이용하거나 추가하여 사용한다. 4. 각 항목이 의미하는 바에 대해 질문하고 이야기를 나눈다.
유의사항	학생이 반드시 다섯 글자로 해야 하는 것에 어려움을 겪는다면 협의하에 글자 수를 변경한다.

【활동지 2-4】 유형별 활동지(1유형) – 나의 즐거움

나의 즐거움

날짜/시간 _____

학번/이름 _____

학교에서의 즐거움			
우리 집에서의 즐거움			
친구 사이에서의 즐거움			
또 다른 즐거움			

진행 방식

제목	【활동지 2-4】 유형별 활동지(1유형) – 나의 즐거움
목표	자신의 등교거부 원인에 대한 이해 증진
실행 방법	1. 1유형에게 중요한 주제는 재미와 즐거움이다. 자신이 즐거움을 느끼는 요소에 대해 탐색함으로써 자신에 대한 이해를 증진하도록 돕는다. 2. 각 정해진 주제에서 자신에게 즐거움을 주는 요소들을 찾아보게 한다. 3. 글로 쓰거나 상징적인 그림을 그리도록 하는 것도 좋다. 완성되면 각 항목이 의미하는 바에 대해 질문하고 이야기를 나눈다. 4. 이 과정에서 자유로운 성격과 친구관계가 좋은 점은 학생의 아주 큰 강점이라는 것을 스스로 느끼게 하는 것이 중요하며, 자신이 가지고 있는 즐거움에 대한 탐색이 가치있는 일이라는 생각을 하도록 유도해 주는 것이 중요하다.
유의사항	학생이 즐거움을 느끼는 요소에 대해 가치를 넣어 판단하지 않도록 유의한다. (예를 들어, 담배가 즐거움을 준다고 할 수 있는데, 해로움에 집중해서 이야기를 나누기보다는 현재 흡연량이나 흡연의 시기 등을 질문하여 상황을 탐색하는 방향으로 진행한다.)

【활동지 2-5】 유형별 활동지(1유형) – 나에게 주는 메달

나에게 주는 메달

날짜/시간 _____
학번/이름 _____

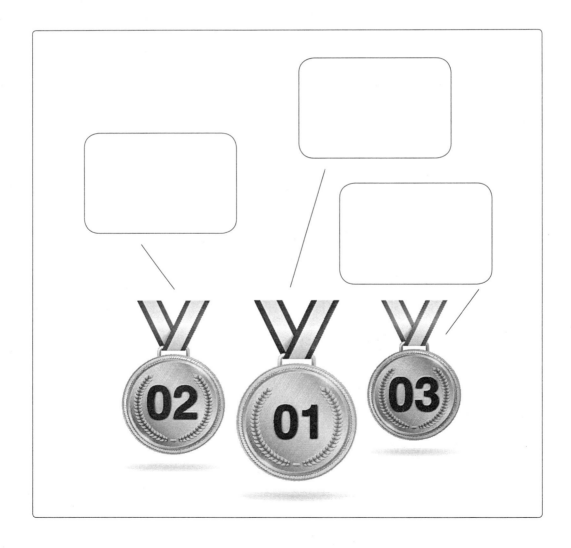

제목	【활동지 2-5】 유형별 활동지(1유형) – 나에게 주는 메달
목표	자기존중감 증진
실행 방법	1. 1유형에게 중요한 주제는 재미와 즐거움이다. 타인들과의 관계에서 자기 자신에 대해 자랑스럽게 여기는 요소를 탐색함으로써 자기존중감을 향상시킨다. 2. 자신이 가지고 있는 요소 중에 자랑스럽거나 내세울 만한 것, 장점이나 특기 등을 찾아보도록 하고 그중에서 세 가지를 골라 1, 2, 3위 메달을 수여한다. 3. 타인과 비교하는 것보다는 자신이 가지고 있는 특징 중 가장 자랑스러운 것부터 차례로 고르게 하는 것이 좋다. 순위를 매기는 것이 중요한 것이 아니라 스스로 무엇을 가장 중요하게, 또는 자랑스럽게 여기는지를 알아보는 것이 목적이다.
유의사항	실제 메달 모양을 만들어 목에 걸어 보거나(메달 형식) 가슴에 붙여 보는(훈장 형식) 활동을 해 보는 것도 가능하다.

【활동지 2-6】 유형별 활동지(1유형) – 세상에 나를 외치다

세상에 나를 외치다

날짜/시간 _____

학번/이름 _____

언제입니까?

어디입니까?

나의 빛나는
미래

무슨 일을 하고 있습니까?

누구와 함께입니까?

진행 방식

제목	【활동지 2-6】 유형별 활동지(1유형) – 세상에 나를 외치다
목표	자기효능감 향상
실행 방법	1. 1유형에게 중요한 주제는 재미와 즐거움이다. 자신의 삶에서 가장 자랑스러운 순간을 떠올리거나 상상해 봄으로써 자신감과 효능감을 향상시킨다. 2. 자신에게 가장 행복한 순간을 떠올리게 한다. 이 순간은 과거일 수도 있고 현재와 가까운 시간일 수도 있으며 미래의 어느 한 순간일 수도 있다. 3. 가장 행복한 순간에 대해 구체적으로 탐색해 본다. '언제'에서는 정확한 날짜와 시간을, '어디'에서는 어느 나라 어느 도시인지, 집인지 외부의 어떤 공간이지를, '무슨 일'은 어떤 활동을 하고 있는지, 또는 어떤 직책(직업)인지를, '누구'는 주변에 있는 중요한 사람들이 누구인지와 몇 명인지 등에 대해 구체적으로 탐색해 본다.
유의사항	행복한 순간을 떠올리기 어려워하는 학생의 경우, 활동을 반대로 해 보는 것도 가능하다. 언제, 어디서, 무슨 일, 누구와 함께를 각각 탐색한 후, 이 활동을 모아 행복한 순간을 만들어 보는 것이다.

【활동지 2-7】 유형별 활동지(1유형) – 10억 사용 내역서

10억 사용 내역서

날짜/시간 _____

학번/이름 _____

	어디에	얼마를, 어떻게
10억		
9억		
8억		
7억		
6억		
5억		
4억		
3억		
2억		
1억		
0		

진행 방식

제목	【활동지 2-7】 유형별 활동지(1유형) – 10억 사용 내역서
목표	욕구와 기대 탐색
실행 방법	1. 1유형에게 중요한 주제는 재미와 즐거움이다. 물질이나 돈에 대한 관심이 높을 경우, 물질을 통해 어떤 욕구와 기대를 채우고 싶은지를 탐색해 볼 필요가 있다. 2. 10억의 돈이 주어진다고 상상해 보게 한다. 그런 다음, 그 돈을 어떤 용도로 얼마나 쓸 것인지를 적어 보게 한다. 또는 10억의 돈을 모두 소비했다는 가정 하에 어디에 어떻게 사용하였는지를 적어 보게 한다. 3. 타인에게 돈을 주고자 할 때는 그 사람에게 직접 주는지, 자신을 밝히는지 등 어떤 방식으로 전달하는지에 대해서도 함께 이야기를 나누어 본다. 4. 이 과정에서 학생이 가치있게 생각하는 부분이 어떤 부분이며 학생에게 중요한 타인이 누구인지도 자연스럽게 탐색하도록 유도한다.
유의사항	실제 돈 모양의 용지(1억 원 단위 또는 1,000만 원 단위)를 준비하거나 수표 모양의 용지를 준비해서 상점놀이 형식으로 진행하는 것도 가능하다. 금액 10억 원은 예시이므로 100억 원 정도로 높여도 되고, 더 낮은 금액으로 변경해도 된다.

【활동지 2-8】 유형별 활동지(1유형) - 알바 이력서

알바 이력서

날짜/시간 _____

학번/이름 _____

이름		성별		생년월일	
주소					

아르바이트를 하고 싶은 이유

_____

아르바이트를 잘할 수 있는 이유(그동안의 경험, 준비한 것 포함)

_____

원하는 보수와 근거

_____

나를 꼭 뽑아야 하는 이유

_____

진행 방식

제목	【활동지 2–8】 유형별 활동지(1유형) – 알바 이력서
목표	현실 점검 및 계획 세우기
실행 방법	1. 1유형에게 중요한 주제는 재미와 즐거움이다. 학교 밖으로 나가려고 하는 1유형의 학생은 아르바이트를 하고자 하는 경우가 많다. 알바 이력서를 써 보는 활동을 통해 자신의 현재 상태에 대해 점검하고 실제적으로 갖추어야 할 조건들을 탐색하게 한다. 2. 아르바이트를 할 마음이 있는지 물어본다(현재 또는 가까운 미래에). 아르바이트에 지원할 때도 이력서를 내야 한다는 것을 이야기하고, 사업주에게 자신의 어떤 점을 어필할 것인지에 대해 이야기를 나눈다. 3. 준비된 알바 이력서에 차례대로 내용을 적는다. 공식적인 문서이므로 단어식이나 짧은 문장이 아니라 가능한 한 구체적인 형식이 갖추어진 문장으로 쓰도록 한다. 작성된 내용에 대해 이야기를 나눈다. 4. 이력서를 쓰고 난 소감을 함께 나누며 실제 아르바이트를 하기 위해 갖추어야 할 준비사항에 대해 탐색한다. 5. 자신이 사업주가 되어 스스로의 이력서를 읽어 보게 한다. 사업주의 입장에서 과연 어떤 아르바이트생을 뽑을 것인지 생각해 보도록 하고, 자신이 갖추어야 할 요소들을 탐색한다.
유의사항	학교 밖 생활에 대한 계획을 점검해 볼 수 있는 활동이다. 학생이 아르바이트 경험이 있다면 그 경험에 대해서도 이야기해 볼 수 있으며, 현실적인 어려움에 대해서 점검해 볼 필요가 있다.

【활동지 2-9】 유형별 활동지(2유형) - 내가 교장선생님이 된다면

내가 교장선생님이 된다면

날짜/시간 _____

학번/이름 _____

바꾸고 싶은 교칙			
벌을 주고 싶은 사람			
상을 주고 싶은 사람			
바꾸고 싶은 제도			

제목	【활동지 2–9】 유형별 활동지(2유형) – 내가 교장선생님이 된다면
목표	자신의 등교거부 원인에 대한 이해 증진
실행 방법	1. 2유형에게 중요한 주제는 부당한 교사와의 관계다. 학교의 여러 가지 사건과 그로 인한 관계 속에서 약자로서 불공평하고 비합리적인 대우를 받았다고 생각하고 있을 것이다. 이 부분을 함께 탐색하고, 무엇이 어떻게 바뀌어야 한다고 생각하는지 알아보는 활동을 한다. 2. 자신이 교장선생님이 되거나 이사장이 된다고 생각해 보도록 하고, 그렇다면 무엇을 고쳐 나가고 싶은지 적어 보도록 한다. 3. 글로 쓰거나 상징적인 그림을 그리도록 하는 것도 좋다. 4. 각 항목이 의미하는 바에 대해 질문하고 이야기를 나눈다. 교사에 대한 부정적인 감정(억울함, 부당함)에 대해 충분히 이야기할 필요가 있다. 이때는 감정을 다루는 것도 필요하지만 성격에 따라서는 논리적으로 토론을 할 필요도 있다.
유의사항	학생이 답변한 내용에 가치를 넣어 판단해서는 곤란하다. (예를 들어, 교사들에 대해 과도한 비판을 하고 심한 말을 할 수 있으나, 이것은 감정을 드러내는 과정으로 보고 공감적 이해를 하면서 상황을 파악하는 방향으로 진행하는 것이 좋다.)

【활동지 2-10】 유형별 활동지(2유형) - ○○선생님께

○○선생님께

날짜/시간 _____

학번/이름 _____

제목	【활동지 2-10】 유형별 활동지(2유형) - ○○선생님께
목표	부정적 감정의 해소
실행 방법	1. 2유형에게 중요한 주제는 부당한 교사와의 관계다. 실제 갈등이 있던 교사가 있을 수 있는데, 이럴 경우 그 교사와의 관계에 대해 더 깊이 있는 탐색이 필요하다. 2. 실제 갈등이 있던 교사 한 명에게 학생이 하고 싶은 이야기를 적어 보도록 한다. 3. 편지 형식으로 쓰는 것이므로 실제로 이야기하고 싶은 것을 적도록 하되, 비속어나 욕설 등이 나올 경우 상담자 재량에 따라 허용 또는 제한하도록 한다. 4. 결과물의 내용에 따라서 보관과 폐기를 결정해 볼 수 있다. 보관할 내용이라면 활동지를 그대로 두거나 실제 편지봉투에 넣는 활동을 해 볼 수 있다. 그러나 폐기해야 할 내용이라면 충분히 이야기를 나눈 후 편지를 태우거나 찢는 활동 등으로 마무리할 수 있다.
유의사항	실제 편지지와 편지봉투를 준비해 두고 활동을 진행해 보는 것도 가능하다. 그러나 편지를 그대로 발송하는 것은 함께 이야기를 나눈 후 결정하는 것이 좋다.

【활동지 2-11】 유형별 활동지(2유형) – 꽃보다 학생

꽃보다 학생

날짜/시간 _____
학번/이름 _____

학교의 주인은 학생이다. 그 이유는

① _____

② _____

③ _____

④ _____

⑤ _____

그러므로 학교(교사)는 학생에게

① _____

② _____

③ _____

제목	【활동지 2-11】 유형별 활동지(2유형) – 꽃보다 학생
목표	욕구와 기대 탐색
실행 방법	1. 2유형에게 중요한 주제는 부당한 교사와의 관계다. 교사와의 갈등 상황 속에는 비합리적인 것에 대한 비판이 있을 수 있다. 2. 학생이 생각하는 바람직한 교사와 학생의 관계에 대해 함께 탐색하고, 학생이 학교와 교사에게 기대하는 바에 대해 이야기를 나눈다. 3. 학교의 주인이 누구인지에 대해 함께 이야기를 나눈다. 만약 학생이라고 답하면, 왜 그렇게 생각하는지도 함께 이야기를 나눈다. 4. 활동지에 나눈 이야기를 정리하도록 하고, 추가할 내용이 있으면 추가하여 적도록 한다. 5. 학생이 주인인 학교에서 현재 학생들은 어떤 대우를 받고 있다고 생각하는지 이야기를 나눈다. 이야기를 나눈 내용을 바탕으로 활동지에 정리하도록 한다. 6. 학생의 비판 의식에 대해 충분히 칭찬한다.
유의사항	비판력이 뛰어난 학생들의 경우 종종 논리적으로 오류를 포함하는 경우가 있다. 성향은 비판적인데 논리가 제대로 서지 못하는 학생에게는 논리적으로 이야기를 나누어 비뚤어진 논리가 바로 서도록 도와주는 것도 중요하다. 원인은 독서의 부족일 수도 있고 어떤 사건 때문에 굳어져 버린 경우도 있다. 공격적이지 않은 토론은 학생이 자기 논리의 허점을 알게 되고 스스로 보완할 점을 생각해 보도록 하는 계기가 될 수 있다.

【활동지 2-12】 유형별 활동지(2유형) - 이렇게 말해 주세요

이렇게 말해 주세요

날짜/시간 _____

학번/이름 _____

어른들(선생님들)께 부탁드립니다.
나(학생)에게 무엇인가를 말할 때는 이렇게 말해 주세요.

(예) 아무리 우리가 어리지만, 높임말을 써 주세요.
     명령하는 말투 말고 부탁하는 말투를 써 주세요.

① _____

② _____

③ _____

④ _____

⑤ _____

진행 방식

제목	【활동지 2-12】 유형별 활동지(2유형) - 이렇게 말해 주세요
목표	문제해결 방법 탐색
실행 방법	1. 2유형에게 중요한 주제는 부당한 교사와의 관계다. 교사와의 관계 속에서 학생이 겪은 부당한 대우를 탐색하고, 그것이 어떻게 바뀌어 실현되기를 바라고 있는지 알아본다. 2. 학생이 갈등을 겪은 상황에 대해 함께 이야기를 나눈다. 교사의 말과 행동이 어떠했는지와 당시에 자신이 느낀 감정이 어떠하였는지 이야기를 나눈다. 만약 교사들의 말과 행동에 문제가 있다고 느낀다면 어떻게 자신(또는 학생들)에게 대해 주는 것이 옳다고 생각하는지 이야기해 보도록 한다. 3. 이야기를 나눈 내용을 바탕으로 활동지에 원하는 바에 대해 적어 보도록 한다. 말투나 말의 내용뿐 아니라 말할 때의 행동이나 표정 등도 포함해서 기록하도록 한다. 4. 기록한 내용을 함께 보고 이야기한다. 이때는 학생에게 글에 나타난 대로 직접 시연해 보게 하는 것도 좋다. 학생이 원하지 않을 때는 상담자가 적힌 대로 말과 행동을 한 다음, 학생이 원하는 바대로 정확히 하였는지, 그런 말과 행동을 듣고 보고 난 느낌이 어떤지 등에 대해 이야기를 나눈다.
유의사항	학생이 '무엇인가를 하지 말아 달라'고 표현할 때는 '무엇을 어떻게 해 달라'는 부탁의 형식으로 쓰도록 유도한다. 무엇이 싫다는 것은 이야기를 잘하지만 정확히 자신이 무엇을 원하고 있는지는 표현하기 어려워하는 경우가 많기 때문이다. 상담자는 학생이 교사들에게 원하는 올바른 말과 행동에 대해 정확히 표현하도록 도움을 주어야 한다.

【활동지 2-13】 유형별 활동지(2유형) - 10년 후의 나에게

10년 후의 나에게

날짜/시간 _____

학번/이름 _____

어디에,
누구와 있습니까?

무엇을 하고 있습니까?

10년 후의
'나'

사람들은 나를 어떻게
부릅니까?

더 먼 미래에 대해
어떤 꿈을 꾸고 있습니까?

10년 후의 나에게 하고 싶은 한마디!

진행 방식

제목	【활동지 2-13】 유형별 활동지(2유형) – 10년 후의 나에게
목표	자아 효능감 향상
실행 방법	1. 2유형에게 중요한 주제는 부당한 교사와의 관계다. 교사와의 갈등 속에서 자신의 미래에 대해 부정적이거나 극단적으로 생각하고 있을 경우가 있다. 2. 10년 후의 자신의 삶을 상상해 보고 지금보다 나은 미래가 있음을 알게 하여 자신감과 효능감을 향상시킨다. 3. 학생의 성향에 따라 명상을 하며 시작하는 것도 좋다. 충분한 이완 후에 10년 후로 학생을 자연스럽게 이끈다. "지금부터 10년 후로 가도록 하겠습니다. 지금 있는 곳은 어디인가요?" "누구와 함께 있나요?" "무엇을 하고 있나요?" "사람들은 학생을 무엇이라고 부르나요?" "더 먼 미래에 대해 어떤 꿈을 꾸고 있습니까?" 등을 질문하고 학생이 자연스럽고 편안하게 대답하도록 한다. 4. 이야기를 나눈 내용을 바탕으로 활동지를 작성하도록 한다. 10년 후의 나에게 하고 싶은 말을 써 보도록 한다. 5. 활동에 대한 소감을 나눈다.
유의사항	작성한 활동지는 사진을 찍어 학생이 개인적으로 보관하도록 한다. 학생이 찬성한다면 SNS에 게시하거나 타임캡슐을 만드는 활동을 함께 진행한다.

【활동지 2-14】 유형별 활동지(3유형) - 나의 에너지 드링크

나의 에너지 드링크

날짜/시간 _____

학번/이름 _____

지금 내 마음의 온도는	℃		
	온도의 이유		
지금 나를 나타내는 상징물			
온도를 1℃ 변화시키기 위해 필요한 것			
내게 힘을 주는 에너지 드링크			

진행 방식

제목	【활동지 2-14】 유형별 활동지(3유형) - 나의 에너지 드링크
목표	자신의 등교거부 원인에 대한 이해 증진
실행 방법	1. 3유형에게 중요한 주제는 체력 부족과 무기력이다. 실제 신체적으로 힘들다고 호소하는 경우도 많고 정서적으로 우울감을 나타내기도 한다. 2. 학생의 힘든 부분에 대해 충분히 공감하고, 현재 자신의 상태를 온도로 나타내 보도록 한다. 온도의 이유에 대해 이야기를 나눈다. 3. 자신의 현재를 나타내는 상징물을 그리게 하고 이유에 대해 이야기를 나눈다. 그리는 데 어려움을 겪는다면, 글자로 적어도 무방하고 색연필이나 사인펜 등을 이용해 색으로 표현하는 것도 가능하다. 완성하고 나면 이유에 대해 이야기를 나눈다. 4. 온도를 낮추고 싶은지 올리고 싶은지를 물어보고, 온도 변화를 위해 현재 필요한 것이 무엇인지에 대해 이야기를 나눈다. 자신이 원하는 온도는 몇 도인지와 원하는 온도와 현재 온도의 차이가 왜 발생하게 되는지, 변화를 위해 필요한 것은 무엇인지에 대해 탐색한다. 5. 자신에게 힘을 주는 대상은 무엇인지를 살펴보도록 하고 그 이유에 대해 이야기를 나눈다. 이렇게 힘든 상황에서도 견디고 있는 것에 대해 격려하고, 견디는 힘을 주는 자신의 에너지 드링크를 찾아보도록 한다.
유의사항	마지막 활동에서 실제 에너지 드링크 모형을 두고 그 위에 종이를 붙이는 형식으로 진행하는 것도 가능하다.

【활동지 2-15】 유형별 활동지(3유형) – 나를 꽃으로 그린다면

나를 꽃으로 그린다면

날짜/시간 _____

학번/이름 _____

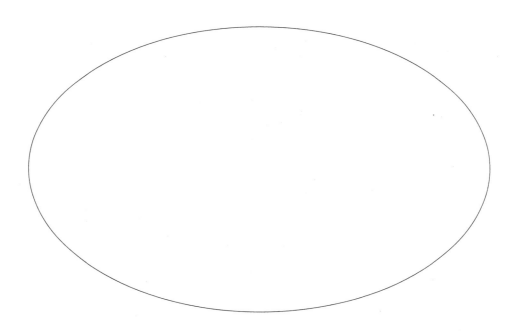

이 꽃의 이름은?

_____

이 꽃이 사는 곳은?

_____

이 꽃의 나이는?

_____

이 꽃이 원하는 것은?

_____

진행 방식

제목	【활동지 2-15】 유형별 활동지(3유형) – 나를 꽃으로 그린다면
목표	자기 이해 증진
실행 방법	1. 3유형에게 중요한 주제는 체력 부족과 무기력이다. 자신의 힘든 상황에 대해 표현하고 함께 해결 방법을 찾아보는 것이 중요하다. 2. 학생과 여러 가지 꽃에 대해 이야기를 나눈다. 사전에 상담자가 꽃에 대한 자료나 실제 꽃 화분 등을 준비해 분위기를 마련하는 것도 좋다. 3. 자신을 꽃으로 표현하면 어떤 꽃으로 나타낼 수 있을지 생각해 보고 그리도록 한다. 학생이 그림에 자신 없어 한다면 꽃 사진 등을 제공하여 모양을 그리는 데 도움을 주는 것도 가능하다. 그림을 잘 그리는 것이 중요한 것이 아니므로 자신이 생각하는 이미지대로 그리도록 한다. 꽃에 얼굴을 그리거나 손과 발을 그려 의인화하는 것도 가능하며 장신구 등을 사용하는 것도 허용한다. 4. 그림이 완성되면 꽃의 이름과 사는 곳, 나이, 원하는 것을 함께 이야기 나누며 탐색한다.
유의사항	그림을 그리는 것을 어려워할 경우 잡지 등을 제공하여 콜라주를 해 보도록 하는 것도 하나의 방법일 수 있다. 그림이 완성되면 함께 색종이 액자접기 등을 한 다음, 그림부분을 오려 내어 장식해 보는 활동도 할 수 있다.

【활동지 2-16】 유형별 활동지(3유형) - 초능력 캡슐

초능력 캡슐

날짜/시간 _____

학번/이름 _____

초능력 이름 (종류)	초능력 사용			초능력 사용 후의 변화
	언제	어디서	무엇을 (누구에게)	
캡슐1				
캡슐2				
캡슐3				

진행 방식

제목	【활동지 2-16】 유형별 활동지(3유형) – 초능력 캡슐
목표	기대와 욕구 탐색
실행 방법	1. 3유형에게 중요한 주제는 체력 부족과 무기력이다. 이 활동지를 통해서 에너지 부족으로 무엇인가를 할 수 없다고 생각하고 있는 학생들에게 초능력을 부여하여 무엇이든 할 수 있다면 어떤 것을 하고 싶은지를 함께 탐색해 보는 활동을 한다. 2. 초능력 캡슐은 3개가 주어지며, 자기에게 사용할 수도 있고 타인에게 사용할 수도 있다. 자신에게 사용할 경우는 제한이 없지만 타인에게 사용할 때는 반드시 허락을 받고 사용해야 하며, 승인을 받기 위해 무엇을 할 것인가 등을 함께 탐색한다. 3. 캡슐을 사용하여 생기게 되는 초능력은 유효기간을 정해 일시적으로 사용할 수도 있고 영구적인 특성으로 만들 수도 있다. 그 기간이 의미하는 것은 무엇인지, 왜 중요한지를 함께 탐색해 본다.
유의사항	실제 모형의 캡슐(크기는 크게)을 만들어 활동을 진행하면 더욱 재미있게 할 수 있다. 별도의 용지에 어떤 초능력인지를 쓰게 하고, 모형을 반으로 열어 그 속에 넣은 다음 활동을 진행한다. 자신에게 사용한다면, 초능력 캡슐을 열어 종이를 꺼내 손에 쥔 다음 그 능력이 생기는 체험을 하도록 하고 느낌을 나눈다. 타인에게 사용한다면, 상담자가 상대 역할을 하며 실제로 승인받는 연습을 해 본다.

【활동지 2-17】 유형별 활동지(3유형) – 10년 전, 지금, 그리고 10년 후

10년 전, 지금, 그리고 10년 후

날짜/시간 _____

학번/이름 _____

	내가 사랑하는 것	내가 원하는 것	내게 소중한 사람	소중한 사람에게 줄 수 있는 것
10년 전				
지금				
10년 후				

제목	【활동지 2-17】 유형별 활동지(3유형) – 10년 전, 지금, 그리고 10년 후
목표	욕구와 기대 탐색
실행 방법	1. 3유형에게 중요한 주제는 체력 부족과 무기력이다. 이러한 무기력 상태가 언제부터였는지와 이유가 무엇인지를 탐색해 보고, 미래에 대해 어떠한 기대가 있는지를 탐색해 본다. 2. 현재 내가 사랑하는 것, 원하는 것, 내게 소중한 사람, 소중한 사람에게 줄 수 있는 것을 적도록 한다. 10년 전을 떠올려 보고 그때 자신이 사랑한 것, 원했던 것, 소중한 사람, 그 사람에게 줄 수 있는 것을 적도록 한다. 10년 후를 생각해 보고 각 항목을 채워 보도록 한다. 3. 현재와 과거를 비교해 보면서 무엇이 달라졌는지, 무엇이 그대로인지를 탐색해 본다. 이 과정에서 무기력 또는 체력 부족의 근원을 함께 찾아본다. 4. 과거와 현재, 미래를 비교해 보면서 무엇이 달라질지, 무엇이 그대로일지를 탐색해 본다. 이 과정에서 미래에 대해 어떠한 기대가 있는지를 찾아본다. 5. 활동을 마친 소감을 함께 나누어 본다.
유의사항	현재, 과거, 미래의 어떤 시간에서 시작해도 무방하다. 반드시 모든 항목을 다 채워 넣을 필요는 없으며, 전체 칸 중 가장 먼저 시작한 칸을 중심으로 세로축(시간)으로 적어 보면 된다. 이 과정에서 좌절된 욕구나 중요한 것의 상실 경험이 나타나게 되면 그 부분을 충분히 다루어 준다.

【활동지 2-18】 유형별 활동지(3유형) - 행복을 위한 다섯 가지 조건

행복을 위한 다섯 가지 조건

날짜/시간 _____

학번/이름 _____

"내가 힘들다는 걸 알아주었으면 해!"

– 누구에게 말하고 싶은가?

– 지금 힘든 강도를 숫자로 나타내면? (0~100)

– 내가 힘든 상태를 상대(다른 사람들)는 어떤 정도로 생각하고 있는 것 같은가?

① _____

② _____

③ _____

④ _____

⑤ _____

진행 방식

제목	【활동지 2-18】 유형별 활동지(3유형) - 행복을 위한 다섯 가지 조건
목표	욕구의 표현
실행 방법	1. 3유형에게 중요한 주제는 체력 부족과 무기력이다. 체력 부족이나 무기력을 나타내는 학생들은 주변 사람에게 이해받지 못하는 느낌을 받는 경우가 많다. 타인들에게 자신이 힘들다고 이야기하고 싶어 하는 마음을 알아주고, 그 이유에 대해 탐색해 본다. 이후에 자신이 행복해지기 위해서 무엇이 필요한지도 함께 알아본다. 2. 학생이 느끼고 있는 피곤함과 힘듦에 대해 공감한다. 그런 마음을 타인들에게 잘 표현하고 있는지를 점검하고, "내가 힘들다는 걸 알아주었으면 해!"라고 세 번 정도 외치도록 한다. 3. 힘든 정도가 얼마인지 0에서 100 사이의 숫자로 나타내 보도록 한다(0: 전혀 힘들지 않은 정도, 100: 너무 힘들어서 바로 쓰러질 정도). 이 힘듦을 알아주지 않아서 가장 서운한 사람의 이름을 적어 보도록 하고 그 이유를 탐색한다. 자신이 힘든 상태를 상대(다른 사람들)는 어떤 정도로 생각하고 있는 것 같은지도 탐색한다. 4. 자신이 행복해지기 위해 필요한 것은 무엇인지 생각하고 적어 보게 한다. 각 내용에 대해 함께 이야기를 나눈다.
유의사항	3유형의 학생들이 느끼는 타인에 대한 서운함을 충분히 공감해 줄 필요가 있다. 신체화로 진행되고 있다면 자신의 고통을 다른 사람들이 알아주지 못하는 것에 대해 좌절하고 있을 수 있으므로 그 고통에 대해 알아주는 것이 중요하다. 다만, 실제 신체질환은 없는지, 질환이 있다면 치료는 어떻게 진행되고 있는지도 함께 점검해 보아야 한다.

【활동지 2-19】 유형별 활동지(4유형) – 우리 가족을 비유하면

우리 가족을 비유하면

날짜/시간 _____

학번/이름 _____

진행 방식

제목	【활동지 2-19】 유형별 활동지(4유형) - 우리 가족을 비유하면
목표	자신의 등교거부 원인에 대한 이해 증진
실행 방법	1. 4유형에게 중요한 주제는 가족이다. 이 활동지를 통해서 가족에게 느끼는 불편감 등을 직접 표현해 보는 활동을 한다. 2. 조용한 분위기에서 자신의 가족을 떠올려 보게 한다. 가족구성원 전체를 먼저 떠올리게 하고 무엇이 떠오르는지, 어떤 장면이 생각나는지에 대해 이야기를 나눈다. 3. 가족 개개인을 떠올리게 하고 각각을 나타내는 상징물을 그리게 하거나 글로 쓰게 한다. 가능하면 그림을 그리도록 하여 말로 표현할 수 없는 부분까지 나타내 보도록 유도한다. 그림을 잘 그리는 것은 중요하지 않다는 점을 거듭 강조해 주고, 그림의 형식이나 크기, 내용, 세부 표현 등에는 아무 제한이 없다는 것을 인지시킨다. 4. 그림이 완성되면 그것이 무엇을 나타내는지에 대해 함께 이야기를 나눈다. 만약 독특하게 그려진 세부 표현이 있다면 내용에 대해 함께 이야기를 나눈다. 5. 가장 친한 가족과 가장 멀게 느껴지는 가족을 표시하게 하고 그 이유에 대해 이야기를 나눈다.
유의사항	가족 수가 네 명 이상일 경우에는 새로운 용지를 주고 가족 수만큼 칸을 나누도록 하여 진행한다.

【활동지 2-20】 유형별 활동지(4유형) - TV에 우리 집이 나오면

TV에 우리 집이 나오면

날짜/시간 _____

학번/이름 _____

방송국 선택	KBS1, KBS2, SBS, MBC, 케이블, ( )
방송 종류	뉴스, 시사, 다큐, 예능, 드라마, ( )
방송 콘셉트	
방송 내용	
출연료	
방송 출연 소감	
인상 깊은 댓글	

진행 방식

제목	【활동지 2-20】 유형별 활동지(4유형) - TV에 우리 집이 나오면
목표	가정환경에 대한 지각 탐색
실행 방법	1. 4유형에게 중요한 주제는 가족이다. 이 활동지를 통해서 자신이 겪고 있는 가족 내의 이야기를 방송이라는 매체를 빌려 함께 나누는 활동을 해 본다. 2. 우리집(가족)을 대상으로 프로그램을 제작하여 TV에 방송된다면 어떤 프로가 될지 생각해 보도록 한다. 3. 방송국을 선택할 때는 어느 특정 방송국을 지정하도록 하고, 그 이유를 함께 나눈다. 4. 방송 종류는 뉴스, 시사, 다큐, 예능, 드라마에서 고르도록 하는데 이 중에 속하지 않는다면 어떤 종류일지 자유롭게 이야기하도록 한다. 5. 방송 콘셉트는 프로그램을 제작, 방송하는 목적이나 전체적 분위기를 정해 보는 항목이다. 뉴스라면 훈훈한 뉴스인지 범죄 소재의 뉴스인지 황당 뉴스인지 정해 보도록 하는 것이다. 6. 방송 내용에서는 전체적인 방송 내용을 함께 정해 본다. 이때는 전체 방송시간, 담당 PD(또는 기자), 진행자 등 방송 종류에 따라 필요한 인원에 대한 내용도 정하고 전체적인 방송 줄거리도 함께 만들어 본다. 7. 출연료는 얼마가 적당할지 책정한다. 8. 방송에 출연하고 난 다음 가족의 소감과 자신의 소감을 상상해서 이야기해 보도록 한다. 9. 방송 후 사람들이 방송을 보고 남긴 댓글에는 어떤 것이 있을지와 그 중 가장 인상 깊은 내용은 무엇인지 함께 이야기를 나눈다.
유의사항	학생이 가족에 대해 범죄에 관련된 사항을 이야기하는 등 너무 참혹한 내용을 이야기하는 경우가 있다. 상담자가 적의하게 판단하여 허용할 수 있으나, 회기 전체를 그 주제로 진행하기보다는 제시된 항목들을 하나하나 작성해 나가면서 학생이 가족에 대해 어떤 지각을 하고 있는지를 탐색해 보는 것을 권장한다. 활동 중 가정 내 폭력이나 학대에 대한 점검은 반드시 필요하다.

【활동지 2-21】 유형별 활동지(4유형) – '이것만은' 프로젝트

'이것만은' 프로젝트

날짜/시간 _____

학번/이름 _____

	이것만은 하겠다	이것만은 하지 않겠다	이것만은 지키겠다	이것만은 모아 두겠다
20대가 되면				
30대가 되면				
40대가 되면				
50대가 되면				
60대가 되면				

진행 방식

제목	【활동지 2-21】 유형별 활동지(4유형) – '이것만은' 프로젝트
목표	욕구와 기대 탐색
실행 방법	1. 4유형에게 중요한 주제는 가족이다. 가족 관련 어려움을 겪고 있는 학생은 과거나 현재의 상황에 대한 이야기를 계속하다 보면 문제를 해결할 수 없다는 생각에서 벗어나지 못하는 경우가 많다. 이 활동지를 통해서 미래로 시점을 옮겨 해결에 대한 조망을 넓히는 활동을 해 본다. 2. '이것만은' 프로젝트는 모든 것 또는 큰 것을 해결하는 프로젝트가 아니라 반드시 하고 싶은 작은 것을 찾아보는 프로젝트라는 점을 이야기한다. 3. 과거에 비해 현재 달라진 점들을 나누어 본다. (키, 몸무게 등) 과거와 현재가 달라진 것처럼 현재와 미래도 무엇이든 달라지고 변화할 수 있다는 것을 이야기하고, 가까운 미래부터 먼 미래까지 적어도 '이것만은 하고 싶은 것'이 있는지 찾아보도록 한다. 4. 하고 싶은 것을 찾으면서 최소한의 하지 않을 것, 지킬 것, 모을 것 등에 대해서도 함께 탐색해 보도록 한다. 5. 전체 내용을 작성하고 세부 내용들에 대해 함께 이야기를 나눈다.
유의사항	학생이 세부 내용을 찾는 것에 어려움을 겪을 경우 각 항목의 예시를 간단하게 보여 주는 것도 좋다. '이것만은 하겠다' – 운전면허를 따겠다, 군대에 다녀오겠다, 연애를 하겠다. '이것만은 하지 않겠다' – 돈을 빌리지 않겠다, 담배를 피우지 않겠다, 양다리를 걸치지 않겠다. '이것만은 지키겠다' – 몸무게를 50kg 이내로 지키겠다, 지금의 여자친구를 지키겠다. '이것만은 모아 두겠다' – 돈을 1,000만 원은 모으겠다, 친구들의 연락처는 모아 두겠다.

【활동지 2-22】 유형별 활동지(4유형) – 가족에게 쓰는 편지

가족에게 쓰는 편지

날짜/시간 _____

학번/이름 _____

(   )하는 (   )에게

진행 방식

제목	【활동지 2-22】 유형별 활동지(4유형) - 가족에게 쓰는 편지
목표	가족에 대한 감정 해소
실행 방법	1. 4유형에게 중요한 주제는 가족이다. 힘든 중에도 가족에 대한 관심을 유지하고 있는 4유형에게는 부정적 감정이든 긍정적 감정이든 모두 중요한 감정으로 인정해 주어야 한다. 이 활동지를 통해서 가족에 대한 감정을 해소하기 위한 활동을 해 본다. 2. 가족원 중 한 명에게 자유롭게 편지를 쓰는 시간이라는 것을 이야기한다. 이 편지를 나중에 어떻게 처리할지는 함께 의논할 것이라고 알린다(직접 가족에게 편지로 보낼 수도 있고, 찢어 버릴 수도 있음). 3. 선택한 가족 한 명에게 편지를 쓴다. 어떤 부정적 감정이라도 허용되며 비밀이 보장되므로 자신의 마음을 그대로 쓰도록 한다. 4. 결과물의 내용에 따라서 보관과 폐기를 결정해 볼 수 있다. 보관할 내용이라면 활동지를 그대로 두거나 실제 편지봉투에 넣는 활동을 해 볼 수 있다. 그러나 폐기해야 할 내용이라면 충분히 이야기를 나눈 후 편지를 태우거나 찢는 활동 등으로 마무리할 수 있다.
유의사항	실제 편지지와 편지봉투를 준비해 두고 활동을 진행하는 것도 가능하다. 그러나 편지를 그대로 발송하는 것은 반드시 함께 이야기를 나눈 후 결정해야 한다. 활동 중 가정 내 폭력이나 학대에 대한 점검은 반드시 필요하다.

【활동지 2-23】 유형별 활동지(4유형) – 미래의 우리 집 설계도

미래의 우리 집 설계도

날짜/시간 _____

학번/이름 _____

누구와 함께 사는가? 아파트인가? 주택인가?

(아파트라면) 몇 층인가(총 몇 층 중 어느 층)? 방은 몇 개인가? 어느 지역인가? 몇 평인가?

가구는 무엇이 있는가? 반려동물은 기르는가?

(주택이라면) 몇 층인가? 방, 거실, 주방의 개수는? 집의 전체 평수는(대지평수, 주택평수)?

마당은 있는가? 반려동물은 기르는가(종류는)?

〈주택설계도〉

제목	【활동지 2-23】 유형별 활동지(4유형) - 미래의 우리 집 설계도
목표	욕구와 기대 탐색
실행 방법	1. 4유형에게 중요한 주제는 가족이다. 이 활동지를 통해서 학생에게 중요한 것이 원가족인지 미래의 가족인지와 가족에 대한 욕구와 기대를 집 설계 활동을 통해 탐색하는 활동을 해 본다. 2. 미래의 집을 만들어 보는 시간이라는 것을 알린다. 그림을 그린다는 것은 미래의 실현 가능성을 높이는 방법이라는 것을 이야기하고, 진실로 원하는 집의 모습을 함께 만들어 보도록 한다. 3. 다음의 질문에 대해 생각하며 집을 설계한다. 누구와 함께 사는가? 아파트인가? 주택인가? (아파트라면) 몇 층인가(총 몇 층 중 어느 층)? 방은 몇 개인가? 어느 지역인가? 몇 평인가? 가구는 무엇이 있는가? 반려동물은 기르는가? 반려동물의 종류는? 이유는? 몇 마리인가? (주택이라면) 몇 층인가? 방, 거실, 주방의 개수는? 집의 전체 평수는(대지평수, 주택평수)? 마당은 있는가? 반려동물의 종류는? 이유는? 몇 마리인가? 4. 설계도가 완성되면 내용에 대해 이야기를 나눈다. 5. 추가적 활동으로 가족 설계를 해 보는 것도 가능하다. 만약 미래의 집을 원가족이 아니라 자신을 중심으로 한 미래의 가족으로 구성하였다면 결혼은 했는지, 했다면 어떤 배우자와 살고 있는지, 자녀는 몇 명인지 등 미래 가족 설계 활동을 해 본다.
유의사항	그림을 그리는 것을 어려워할 경우 잡지 등을 제공하여 콜라주를 해 보도록 하는 것도 하나의 방법일 수 있다. 조형 활동을 좋아하는 학생의 경우는 우드락, 색종이, 수수깡 등을 이용해서 실제 조형물을 만들어 전시하는 활동을 해 본다.

【활동지 2-24】 유형별 활동지(5유형) – 내가 교육부장관이 된다면

내가 교육부장관이 된다면

날짜/시간 _____

학번/이름 _____

학생들에게 무엇을 가르칠 것인가?			
선생님들을 어떻게 바꿀 것인가?			
학부모들을 어떻게 바꿀 것인가?			
바꾸고 싶은 교육 제도가 있다면?			

진행 방식

제목	【활동지 2-24】 유형별 활동지(5유형) - 내가 교육부장관이 된다면
목표	자신의 등교거부 원인에 대한 이해 증진
실행 방법	1. 5유형에게 중요한 주제는 제도권 교육에 대한 불만이다. 학교 교육에 대한 거부감이 있을 수 있으며 제도권 교육을 비판하는 자신만의 논리가 존재할 수 있다. 이 부분을 함께 탐색하고, 무엇이 어떻게 바뀌어야 한다고 생각하는지 알아보는 활동을 한다. 2. 사회나 교육 제도에 대한 만족도를 물어본다. 자신에게 사회나 교육 제도를 바꿀 힘이 있다면 무엇을 바꾸고 싶은지 물어본다. 자신이 교육부장관이 된다면 무엇을 바꾸어 나가고 싶은지 적어 보도록 한다. 3. 학생들에게 무엇을 가르칠지, 선생님을 어떻게 바꾸고 싶은지, 학부모를 어떻게 바꾸고 싶은지, 바꾸고 싶은 교육 제도는 무엇인지 자신의 의견을 기록하게 한다. 4. 각 항목이 의미하는 바에 대해 질문하고 이야기를 나눈다. 이 과정에서 학교나 교사에 대한 부정적인 감정(억울함, 부당함)이 있다면 충분히 이야기할 필요가 있다. 이때는 감정을 다루는 것도 필요하지만 성격에 따라서는 논리적으로 토론을 할 필요도 있다.
유의사항	학생이 원하는 다른 역할(교장, 교육감, 대통령 등)로 바꿔서 진행할 수 있다. 교육에 대한 부정적 생각이 있을 때 교육부장관을 결코 하고 싶지 않다고 할 수 있다. 불만만으로는 변화를 이끌 수 없다는 것을 전달하되 역할을 강요하지는 않는다. 만약 역할을 거절할 경우에는 바꾸고 싶은 부분만을 적어 보도록 한다.

【활동지 2-25】 유형별 활동지(5유형) - 학교 말고 ○○○

학교 말고 ○○○

날짜/시간 _____

학번/이름 _____

(우리) 학교의 문제점은 다음과 같다.

① _____

② _____

③ _____

④ _____

⑤ _____

그러므로 학교 말고 다음과 같은 것이 (나에겐, 우리에겐) 필요하다.

① _____

② _____

③ _____

진행 방식

제목	【활동지 2-25】 유형별 활동지(5유형) – 학교 말고 ○ ○ ○
목표	욕구와 기대 탐색
실행 방법	1. 5유형에게 중요한 주제는 제도권 교육에 대한 불만이다. 학교 교육에 대해 거부감을 가지게 되기까지 교육 제도 전반이나 학교에 대한 불만점과 비판점을 가지고 있을 수 있다. 이에 대해 탐색해 보는 활동을 한다. 2. 교육이 필요한지에 대해 진지하게 토론한다. 교육 자체에 대해 거부감을 가지고 있을 수도 있으며, 교육에 대해서는 긍정적이지만 현재의 학교 교육 제도에 불만이 있을 수도 있다. 교육 자체에 거부감이 있다면 교육에 대해 잘못된 개념을 가지고 있는 것은 아닌지 점검해 보아야 한다. 3. 학교 교육의 문제점들에 대해 이야기를 나누어 본다. 현재 다니고 있는 학교에 대한 문제점을 함께 찾아볼 수도 있고, 학교 교육 전반에 대한 문제점을 찾을 수도 있다. 4. 찾은 문제점들을 바탕으로 현재 학교 구조나 교육 시스템 외의 대안을 함께 탐색해 본다. 이 과정에서 학생이 겪은 학교의 부당함에 대해 진지하게 공감할 필요가 있으며, 필요하다면 논리적 토론을 할 수 있다.
유의사항	5유형의 학생들은 판단력과 분석력이 있으므로 잘못된 논리를 가지고 있을 경우 토론을 통해 자신의 논리를 점검해 보도록 이끌어 주는 것이 중요하다.

【활동지 2-26】 유형별 활동지(5유형) - 이런 능력이 존중받는 세상

이런 능력이 존중받는 세상

날짜/시간 _____

학번/이름 _____

Ⅰ.

Ⅱ.

세상을 위해
정말 필요한
능력

Ⅲ.

Ⅳ.

제목	【활동지 2-26】 유형별 활동지(5유형) – 이런 능력이 존중받는 세상
목표	가치관과 강점 확인
실행 방법	1. 5유형에게 중요한 주제는 제도권 교육에 대한 비판 의식으로 제도권 교육에 대한 비판의 내용은 다양할 수 있다. 이 활동지를 통해서 학생의 비판 의식 속에 숨겨진 진정으로 원하는 학교의 모습, 교육의 모습이 어떠한지를 함께 탐색해 본다. 2. 현재 우리 사회에서 어떤 능력이 존중받고 있으며 그러한 존중은 합당하다고 생각하는지에 대해 이야기를 나눈다. 앞으로의 사회에서는 어떤 능력들이 보다 존중받아야 한다고 생각하는지 물어본다. 3. 세상을 위해 정말 필요한 능력은 어떤 능력인지, 누구에게 필요한지, 왜 중요한지에 대해 탐색한다. 학생이 생각하고 기록한 내용을 바탕으로 이야기를 나눈다.
유의사항	미래에 대해 어떻게 조망하는지 점검하고, 잘못된 논리를 가지고 있을 경우 토론을 통해 자신의 논리를 점검해 보도록 이끌어 주는 것이 중요하다.

【활동지 2-27】 유형별 활동지(5유형) – 멘토를 찾아서

멘토를 찾아서

날짜/시간 _____

학번/이름 _____

진정한 멘토란 어떤 사람일까요?

지금 나에게 중요한 멘토는 누구인가요?

그 멘토의 장점과 단점은 무엇인가요?

나는 어떤 모습의 사람이 되고 싶은가요?

제목	【활동지 2-27】 유형별 활동지(5유형) - 멘토를 찾아서
목표	욕구와 기대 탐색
실행 방법	1. 5유형에게 중요한 주제는 제도권 교육에 대한 비판 의식이다. 이 유형의 학생들이 가지고 있는 비판 의식을 체제에 반항하는 문제 의식으로 받아들이기보다는 건강한 사회인이 되기 위한 에너지로 변환시킬 필요가 있다. 이들이 어떤 삶을 지향하는지를 살펴보기 위해 학생들에게 멘토가 되고 있는 인물을 함께 탐색해 본다. 2. 중·고등학교 학생들에게 멘토의 존재는 가치관 형성과 미래 삶의 방향키 역할을 한다. 진정한 멘토란 어떤 사람인지, 어떠한 자질과 특성을 갖추고 있어야 한다고 생각하는지 이야기를 나눈다. 3. 현재 자신의 멘토가 누구인지 이야기를 나눈다. 자신이 닮고 싶거나 존경하는 인물을 찾고 그 인물의 어떤 부분을 특히 좋아하는지 탐색해 본다. 현재 실존 인물, 역사 속 인물도 가능하지만 영화나 작품 속 인물, 가상의 인물도 가능하다. 4. 현재 멘토라고 생각하는 사람의 장점과 단점은 무엇인지 찾아본다. 모든 사람은 장점과 단점을 동시에 가지고 있다는 점에 대해 함께 이야기를 나누며, 멘토가 그러한 단점을 가지고 있음에도 자신의 멘토가 될 수 있는 이유를 찾아본다. 5. 자신의 미래 모습에 대해 적어 본다. 누군가의 멘토가 되고 싶은지, 어떤 것을 지키고 어떤 것을 위해 노력하는 모습의 사람이 되고 싶은지 함께 이야기를 나눈다.
유의사항	학생이 만약 멘토가 없다고 하면 함께 찾아보는 활동을 해 보는 것도 좋다. 좋아하는 문학 작품이나 만화, 영화 작품 속의 좋아하는 인물상에 대해 이야기를 나누거나 친구 중에서 가장 멋지게 살아가고 있는 친구의 모습을 찾아볼 수 있다. 함께 지내왔던 담임교사나 선배, 가까운 친척, 부모, 형제 등 다양한 사람의 특징 중에서 가장 선호하는 특징을 찾아볼 수도 있다.

【활동지 2-28】 유형별 활동지(5유형) - 하늘에서 돈이 내려와

하늘에서 돈이 내려와

날짜/시간 _____

학번/이름 _____

딱 한 번, 하늘에서 돈을 뿌려 줍니다. 이것은 사전예약 이벤트라서 필요 금액과 사용 계획서를 미리 신청해야 합니다. 단, 전체 금액의 50%는 공익을 위해 써야 합니다. 계획서를 만들어 봅시다.

얼마가 필요한가요? (금액 제한 없음)

사용 계획서를 간단히 작성하세요.

날짜	소요 금액	사용 내역

진행 방식

제목	【활동지 2-28】 유형별 활동지(5유형) – 하늘에서 돈이 내려와
목표	자존감 향상
실행 방법	1. 5유형에게 중요한 주제는 제도권 교육에 대한 비판 의식이다. 이들은 비판적 자질과 순종적이지 않은 외적 모습만으로 학교에서 부정적인 성향의 학생으로 대우받았을 수 있다. 이러한 부정적 경험은 학생의 자존감에도 영향을 미칠 수 있다. 자존감 향상을 위해 가슴 깊이 간직하고 있는 정의감과 미래에 대한 조망을 함께 탐색해 본다. 2. 5유형의 학생들은 자신의 이익 때문에 움직이기보다는 전체적인 구조적 문제의 해결을 원하는 경우가 많다. 이러한 욕구가 현실적으로 이루어지지 않게 되면서 미래에 대한 조망까지 무너지기도 한다. 무엇이든 마음대로 할 수 있는 충분한 금전적 능력을 상상해 봄으로써 진정으로 하고 싶은 것이 무엇인지를 함께 탐색해 본다. 3. '단 한 번 하늘에서 돈을 뿌려 준다고 상상한다. 단, 이것은 사전예약 이벤트이므로 필요금액과 사용 계획서를 신청해야만 한다. 귀찮다고 신청하지 않으면 기회는 날아간다. 함께 사용 계획서를 작성해서 제출하는 활동을 한다. 사용 계획서에는 제한이 없으나 전체 금액의 50%는 공공의 이익을 위해 써야 한다'는 설명을 하고 활동을 시작한다. 4. 얼마가 필요한지를 정한다. 자신에게 필요한 것의 2배를 잡아야 한다는 점을 이야기한다(공익을 위한 50%). 예산이 세워지면 언제, 어디에서, 얼마를 사용할 것인지 적어 보도록 한다. 사용처는 공익에 대한 내역까지 포함한다. 5. 전체 내용을 보고 함께 이야기를 나눈다.
유의사항	성격에 따라 이런 상황극 놀이를 싫어하는 경우가 있다. 따라서 가끔은 상담자가 배우처럼 상황을 극대화하여 학생 내부의 흥미를 이끌어낼 필요도 있다.

【활동지 2-29】 있었으면, 없었으면

있었으면, 없었으면

날짜/시간 _____

학번/이름 _____

　내가 학교에 가지 않기로 결정하는 데 무엇이 가장 중요했을까 생각해 봅시다. 무엇인가가 있어서 못 갔을 수도 있고, 무엇인가가 필요하거나 부족해서 못 갔을 수도 있습니다. 있었으면 하고 바라는 것과 없었으면 하고 바라는 것을 다음 표에 정리하고, 그 내용이 내가 학교에 가지 않는 데 미친 영향의 중요도를 체크해 봅시다(0점: 전혀 영향 없음 ~ 10점: 매우 영향 있음).

누구에게/어디에	무엇이	중요도
나에게(내 마음속에)		
우리 가족에게	있었으면 좋겠다.	
우리 학교에		
우리 사회에		
내 친구들에게		

누구에게/어디에	무엇이	중요도
나에게(내 마음속에)		
우리 가족에게	없었으면 좋겠다.	
우리 학교에		
우리 사회에		
내 친구들에게		

진행 방식

제목	【활동지 2-29】 있었으면, 없었으면
목표	보호 요인 파악
실행 방법	1. 자신이 학교에 가지 않게 된 이유(또는 학교를 그만두고 싶은 이유)에 대해 탐색하고 보호 요인을 찾아보는 활동이다. 2. 학교에 가지 않기로 결심하기까지의 과정을 떠올려 본다. 무엇인가가 있어서 못 갔을 수도 있고 무엇인가가 필요하거나 부족해서 못 갔을 수도 있음을 이야기한다. 그 요소들이 어떤 것인지 함께 이야기를 나누고 '무엇이' 영역에 적어 보도록 한다. 3. 그 내용이 자신이 학교에 가지 않는 데 미친 영향의 중요도를 0~10점 사이로 채점하도록 한다. (0점: 전혀 영향 없음 ~ 10점: 매우 영향 있음) 4. 전체 내용에 대해 이야기를 나눈다.
유의사항	학생이 구체적으로 표현하는 것에 어려움을 느낀다면 예시를 들어줄 수 있다. 물건, 돈 등 유형의 것일 수도 있고 가난, 용기 등 무형의 것일 수 있다.

【활동지 2-30】 보물 서바이벌

보물 서바이벌

날짜/시간 _____

학번/이름 _____

진행 방식

제목	【활동지 2-30】 보물 서바이벌
목표	보호 요인 파악
실행 방법	1. 자신에게 포기할 수 없는 중요한 보물을 생각해 보게 한다. (물건일 수 있고 미덕일 수도 있으며 사람일 수도 있다.) 2. 그중에서 가장 중요한 것 여섯 가지를 고르게 하고 활동지의 각 칸에 하나씩 쓰도록 한다. 3. 여섯 가지 중 네 가지를 고르게 한다. 지금 버리는 두 가지는 영원히 가질 수 없으므로 신중하게 버릴 것을 고르게 한다. 버리는 것에는 가위표를 한다. 4. 네 가지 중 두 가지를 고르게 한다. 지금 버리는 두 가지는 영원히 가질 수 없으므로 신중하게 버릴 것을 고르게 한다. 버리는 것에는 가위표를 한다. 5. 두 가지 중 한 가지를 고르게 한다. 지금 버리는 한 가지는 영원히 가질 수 없으므로 신중하게 버릴 것을 고르게 한다. 버리는 것에는 가위표를 한다. 6. 활동 후 소감을 나눈다.
유의사항	선택하기 어려워하는 학생의 경우에는 충분한 시간을 기다려 주는 것이 필요하다. 용지를 따로 준비하여 버리는 보물을 일정한 통에 모으게 하는 것도 가능하다.

【활동지 2-31】 그래도 나에게는

그래도 나에게는

날짜/시간 _____

학번/이름 _____

프로그램에 참석한 이유를 적어 주세요. 또 학교에 오지 않기로 선택하였지만, 학교를 자퇴하지 않은 데는 이유가 있을 것입니다. 그 이유를 살펴봅시다. 그리고 그것이 내 인생에 얼마나 중요한 것인지 체크해 봅시다(0점: 전혀 필요 없음 ~ 10점: 매우 중요함).

〈프로그램 참석 이유〉

누구 때문인가요?		이 사람의 중요도	
무엇 때문인가요?		이 이유의 중요도	

〈내가 자퇴를 안 한 이유〉

누구 때문인가요?		이 사람의 중요도	
무엇 때문인가요?		이 이유의 중요도	

진행 방식

제목	【활동지 2–31】 그래도 나에게는
목표	보호 요인 파악
실행 방법	1. 프로그램에 참여하게 된 이유를 물어본다. 2. 학교에 다니게 하는 사람이나 이유를 생각해 보게 한다. 3. 활동지에 프로그램 참석 이유가 되는 사람과 그 사람의 중요도를 표시하게 한다. 또 프로그램 참석 이유가 되는 다른 사항도 쓰고 그 이유의 중요도를 표시하게 한다. 4. 자퇴를 하지 않고 견딜 수 있게 도와주는 사람과 그 사람의 중요도를 표시하게 한다. 또 자퇴를 하지 않는 다른 이유도 쓰고 그 이유의 중요도를 표시하게 한다. 5. 내용에 대해 이야기 나눈다.
유의사항	학업중단을 하지 않은 점과 지금 문제해결을 위해 프로그램에 참석하고 있는 점을 충분히 격려해 준다.

【활동지 2-32】 나의 유형과 극복 과제

나의 유형과 극복 과제

날짜/시간 _____

학번/이름 _____

나의 유형	
특징	
나의 장점	
내가 해결하면 좋은 점	
나를 위한 극복 과제 세 가지	

제목	【활동지 2-32】 나의 유형과 극복 과제
목표	자신과 상황에 대한 이해
실행 방법	1. 유형질문지에서 나온 유형을 쓰도록 한다. 단일유형은 1유형, 2유형의 형식으로, 복합유형은 1-3복합유형의 형식으로 쓴다. 2. 자신의 특징을 유형설명서 속에 있는 내용이나 자신이 생각한 내용으로 정리하도록 한다. 3. 자신의 장점을 유형설명서 속에 있는 내용이나 자신이 생각한 내용으로 정리하도록 한다. 4. 자신이 해결하면 좋은 점을 유형설명서 속에 있는 내용이나 자신이 생각한 내용으로 정리하도록 한다. 5. 자기 자신을 위해 극복하고 싶은 과제를 세 가지 정하도록 하고 그 이유에 대해 이야기를 나눈다.
유의사항	극복 과제는 단기간에 해결되지 않는 내용이라도 수용한다. 여기서는 스스로의 장단점을 파악하는 것이 목적이다. 이 극복 과제 중 단기간에 해결 가능한 것을 이후에 해결 과제로 선정할 수 있다.

【활동지 2-33】 마법의 지팡이

마법의 지팡이

날짜/시간 _____

학번/이름 _____

　갑자기 모든 것을 다 할 수 있는 마법의 지팡이가 생겼다. 그런데 이 지팡이는 <u>단 세 번</u> 사용할 수 있고, 일주일 안에 세 번을 모두 사용해야 하며, 적어도 <u>한 가지는 학교에 다니기 위해 필요한 것</u>이어야 한다.

　어디에 이 능력을 쓸 것인가?

	어디에 쓸 것인가	쓰고 나면 내 모습은
첫 번째		
두 번째		
마지막		

진행 방식

제목	【활동지 2-33】 마법의 지팡이
목표	해결하고 싶은 문제의 탐색
실행 방법	1. 조금 유치한 내용이 될 수도 있음을 미리 이야기한다. 마법의 지팡이는 모든 것을 가능하게 한다는 전제를 한다. 2. 마법의 지팡이의 제한점을 이야기한다(단 세 번 사용 가능, 일주일 안에 모두 사용, 적어도 한 가지는 학교에 다니기 위해 필요한 것에 사용). 3. 어디에 쓸 것인지를 정하게 한다. 4. 그 일이 일어나고 난 후 자신의 모습은 어떻게 변화되는지 이야기를 나눈다.
유의사항	사용 내용에 관해서는 아무런 제한이 없이 마음껏 사용할 수 있도록 한다. 만약 내용 중 평범하지 못한 내용이 있다면 그 주제를 가지고 이야기를 나누는 것이 좋다. 세 번의 사용 중 마법의 지팡이가 없어도 실현 가능한 내용이 있다면 그 내용에 대해 강화해 준다.

【활동지 2-34】 내가 찾은 해결 방법

내가 찾은 해결 방법

날짜/시간 _____

학번/이름 _____

내가 학교에 가지 않음으로써 해결하고 싶었던 것은?

지금 그 문제는 어떻게 되었나요?

현재의 점수	

생각한 대안들				
선택하지 못한 이유				
선택했을 때의 예상점수				

진행 방식

제목	**【활동지 2-34】** **내가 찾은 해결 방법**
목표	문제해결의 한 방법으로 등교거부가 사용되었음을 인식
실행 방법	1. 학교에 가지 않기로 한 전후에 있었던 일들을 떠올리게 한다. 2. 결석의 결정에 가장 큰 영향을 미친 사건이나 이유를 떠올리게 한다. 3. 결석을 함으로써 그 사건이나 이유가 어떻게 달라지길 원했는지를 생각해서 활동지에 기록하게 한다. 4. 해결하고 싶은 그 사건이나 이유가 현재는 어떻게 되었는지 기록하게 한다. 5. 현재의 자기 생활을 0(아주 불만족스럽다)~100점(아주 만족스럽다) 사이에서 점수를 매기게 한다. 6. 결석하기 전에 그 사건이나 이유의 해결을 위해 생각한 다른 방법이 있는지 떠올리게 하고 그 방법을 사용하지 못한 이유도 함께 써 보게 한다. 7. 만약 다른 방법을 사용했다면 현재 자신의 생활이 몇 점에 해당할지를 예측해 보도록 한다.
유의사항	도피와 회피도 하나의 해결 방법일 수 있다. 본인이 결석할 수밖에 없던 이유에 대해 충분히 공감해 줄 필요가 있다. 다만, 자신에게 해로운 선택이 반복되는 것을 막기 위한 활동임을 인지시킨다.

【활동지 2-35】 그래, 결정했어

그래, 결정했어

날짜/시간 _____

학번/이름 _____

내가 학교에 안 온 이유는

그래,
결정했어!

나의 결정 나는 학교에 안 가기로 결정했어! VS 나는 학교에 가기로 결정했어!

시간 경과	일주일 후	한 달 후	1년 후	10년 후	일주일 후	한 달 후	1년 후	10년 후
나의 모습 or 나의 마음								
점수								

총점   점   총점   점

진행 방식

제목	【활동지 2-35】 그래, 결정했어
목표	선택에 따른 결과 탐색
실행 방법	1. 학교에 오지 않기로 결정하게 한 이유가 탐색되었다면 그것을 적도록 한다. 2. 인생에는 많은 결정의 순간이 있음을 상기시킨다. 오늘 상담에 온 것도 큰 결정 중의 하나임을 이야기한다. 3. 자신의 선택에 대한 결과를 예측해 보기로 한다. 4. 학교에 다니는 선택과 그렇지 않은 선택 둘 다를 작성해 보도록 한다. 5. 각 선택에서 시간이 흐름에 따라 자신의 모습과 마음이 어떻게 될지, 생활의 만족도는 어떻게 될지를 예측하고 0(아주 불만족스럽다)~100점(아주 만족스럽다) 사이에서 점수를 매기게 한다.
유의사항	활동지의 포맷을 이용하되, 큰 용지 두 장을 주고 한 장은 학교에 다니지 않는 쪽으로, 한 장은 학교에 다니는 쪽으로 선택한 경우를 작성하게 할 수도 있다.

【활동지 2-36】 다시 시작하기 위해

다시 시작하기 위해

날짜/시간 _____

학번/이름 _____

　프로그램 기간 중 해결하고 싶은 문제를 찾아봅시다. 내가 학교에 오지 않기로 결정한 여러 가지 원인을 적어 보고, 가장 먼저 해결하고 싶은 것부터 제일 나중에 해도 좋은 것까지 순위를 매겨 봅시다.

해결하고 싶은 문제	순위

1순위로 선택된 문제를 옮겨 적어 봅시다.

진행 방식

제목	【활동지 2-36】 다시 시작하기 위해
목표	해결 문제의 선정
실행 방법	1. 현재의 등교거부 행동은 문제해결에 결코 도움이 되지 않는 상황임을 상기시킨다. 2. 프로그램 기간 중 해결해 보고 싶은 문제를 찾아보기로 한다. 3. 자신이 학교에 오지 않기로 결정한 여러 가지 원인을 모두 적어 보게 한다. 4. 전체 문제 중에서 가장 먼저 하고 싶은 것부터 우선순위를 적어 보게 한다. 5. 1순위로 선정된 문제를 옮겨 적게 한다.
유의사항	프로그램 기간이 2주이므로 그 안에서 해결 가능한 주제를 찾도록 한다. 해결하고 싶은 문제에서는 불가능한 주제도 허용하되, 1순위로 선택된 문제는 해결 가능한 것으로 선정하도록 한다.

【활동지 2-37】 아이디어 뱅크

아이디어 뱅크

날짜/시간 _____

학번/이름 _____

예전에는 학교 결석으로 중요한 문제를 해결해 보려 했습니다. 지금부터는 결석하는 방법 외에 다른 해결 방법을 찾아봅시다. 이 방법은 어떤 것이든 좋습니다. 방법을 찾고 오른쪽 평가 기준에서 점수를 매겨 봅시다(각 항목별 10점 기준).

〈가장 먼저 해결하기로 선택한 문제〉

번호	문제해결을 위한 나의 아이디어	평가 기준			
		실현 가능한가?	즉시 시작 가능한가?	나에게 도움이 되는가?	총점
1					
2					
3					
4					
5					

진행 방식

제목	【활동지 2-37】 아이디어 뱅크
목표	문제해결을 위한 대안 탐색
실행 방법	1. 학생이 이전에는 학교 결석으로 중요한 문제를 해결하려 했음을 상기시킨다. 2. 지금부터는 결석을 제외한 다른 해결 방법을 찾기로 한다. 3. [활동지 2-36]에서 선정된 문제를 옮겨 쓰게 한다. 4. 문제를 해결하기 위한 자신의 아이디어를 자유롭게 써 보도록 한다. 5. 아이디어를 평가의 기준에 따라 평가한다. ○, ×, △로 표시하게 하고, 1개라도 ×가 있으면 그 아이디어는 선택되지 못한다. 가장 ○가 많은 것을 대표 아이디어로 선정한다. 선택되지 못하면 조건에 합당할 때까지 아이디어를 수정한다.
유의사항	아이디어를 낼 때는 학생의 의견을 우선시하되 상담자가 여러 가지 안건을 내어 아이디어를 풍부하게 할 수도 있다. 평가할 때는 상담자가 함께 평가에 참여할 수 있다.

【활동지 2-38】 해결의 실타래 풀기

해결의 실타래 풀기

날짜/시간 _____

학번/이름 _____

선택된 방법을 실천하기 위한 계획을 세워 봅시다. 복잡해 보이는 실타래도 시작점만 찾으면 금방 풀리는 것처럼 어려워 보이는 일들도 작은 것부터 풀어 보면 해결할 수 있습니다. 다음 방법에 따라 계획을 세우고, 그 아래에 있는 계획평가표에 체크해 봅시다(항목별 10점 기준).

〈대안으로 선택된 방법〉

〈계획 세우기〉 – 언제, 어디서, 무엇을, 어떻게 할 것인가?

〈계획의 평가〉

계획 평가의 기준	점수
단순한 계획인가?	
현실적으로 가능한 계획인가?	
결과를 눈으로 확인할 수 있는가?	
바로 할 수 있는 계획인가?	
내가 세운 계획인가?	
계획대로 해 볼 마음이 있는가?	

1. 평가에서 각 기준의 점수가 5점 이하이거나 총점이 40점 미만이면 계획을 수정합니다.
2. 이 계획이 그대로 실행된다면 어떤 모습일지 생각해 봅니다.
3. 이 계획을 실행하고 나서 만날 다음 상담시간을 정합니다.

진행 방식

제목	**【활동지 2-38】** **해결의 실타래 풀기**
목표	문제해결을 위한 구체적인 계획 수립
실행 방법	1. [활동지 2-37]에서 선택된 아이디어를 옮겨 적는다. 2. 선택된 방법을 실천하기 위한 계획을 세워 본다. 복잡해 보이는 실타래도 시작점만 찾으면 쉽게 풀리는 것처럼 작은 것부터 시작하도록 한다. 3. 계획을 세울 때는 언제, 어디서, 무엇을, 어떻게 할 것인가를 정확하게 쓰도록 한다. 4. 세워진 계획을 계획 평가의 기준에 따라 0(아주 그렇지 않다)~10점(아주 그렇다) 사이에서 점수를 매기게 한다. 5. 평가의 각 기준에서 한 개의 항목이라도 5점 이하이거나 총점이 40점 미만이면 계획을 수정한다.
유의사항	계획을 세울 때는 학생의 의견을 우선시하되 상담자가 계획에서 부족한 면을 수정하도록 도움을 줄 수 있다. 평가할 때는 상담자가 함께 평가에 참여할 수 있다.

【활동지 2-39】 나에게 학교는

나에게 학교는

날짜/시간 _____
학번/이름 _____

나에게 학교는

한 글자로   ○이다.

두 글자로   ○○이다.

세 글자로   ○○○이다.

네 글자로   ○○○○이다.

다섯 글자로   ○○○○○이다.

진행 방식

제목	【활동지 2-39】 나에게 학교는
목표	학교의 의미 탐색
실행 방법	1. '학교' 하면 떠오르는 것을 생각하게 한다. 2. 글자로 나타낸다는 것을 이야기하고 사전에 재미있는 예시를 먼저 해볼 수 있다. (방귀를 한 글자로? 두 글자로?……) 3. 학교가 자신에게 어떤 의미가 있는지 한 글자부터 다섯 글자까지 적어 보게 한다. 4. 각 의미에 대해 물어보고 이야기를 나눈다.
유의사항	학생의 흥미도에 따라 다섯 단계를 모두 진행하지 않는 것도 가능하다.

【활동지 2-40】 나의 미래 설계

나의 미래 설계

날짜/시간 _____

학번/이름 _____

나의 ( )년 후 (20 년, 세)	
↑	
나의 20년 후 (20 년, 세)	
↑	
나의 10년 후 (20 년, 세)	
↑	
나의 5년 후 (20 년, 세)	
↑	
나의 1년 후 (20 년, 세)	
↑	
나의 이번 학년 남은 달의 생활	
↑	
나의 이번 달은	
↑	
나의 이번 주는	

진행 방식

제목	【활동지 2-40】 나의 미래 설계
목표	미래에 대한 계획 수립 및 조망 확대
실행 방법	1. 지금부터 미래까지의 전체 이야기를 하게 될 것임을 설명한다. 2. 제일 위의 칸부터 작성해서 아래쪽으로 진행한다. 3. 맨 위칸은 자신의 사망할 나이를 적고, 해당 연도와 몇 년 후인지를 계산하여 적도록 한다. 빈 칸에는 묘비명으로 적힐 내용을 써 보도록 한다. 4. 자신의 묘비명을 달성하기 위해 20년 후, 10년 후, 5년 후, 1년 후에 해야 할 일을 상세하게 떠올려 쓰게 한다. 5. 또한 이번 학년의 남은 달과 이번 달, 그리고 이번 주의 계획을 상세하게 떠올려 쓰게 한다.
유의사항	진행은 허용적으로 하되 너무 장난스러운 분위기로 흐르지 않도록 유의한다.

【활동지 2-41】 우리 반에 가면

우리 반에 가면

날짜/시간 _____

학번/이름 _____

자, 이제 학급으로 돌아가기로 결정을 하였나요? 학급에 돌아간다고 생각하면 기분은 어떤가요? 걱정되는 부분이 있다면 무엇이 있는지 알아보고, 그 해결을 위해 준비해야 할 사항은 무엇이 있을지 함께 생각해 봅시다.

번호	다시 등교할 때 걱정되는 문제	걱정되는 문제를 위해 준비해야 하는 것
예시	어색해하는 친구들, 공부 문제, 아침에 등교하는 문제	먼저 인사하는 연습을 한다, 학원을 알아본다, 모닝콜 방법을 알아본다
1		
2		
3		
4		
5		

진행 방식

제목	【활동지 2–41】 우리 반에 가면
목표	학급 복귀를 위해 준비해야 할 사항 점검
실행 방법	1. 학급으로 돌아갈 장면을 떠올리게 한다. 2. 다큐 영화를 찍는다고 생각하고, 장면별로 일어날 일들을 천천히 떠올리게 한다. (교문을 들어선다, 운동장을 가로지른다, 교실 문을 연다, 가방을 내려놓는다.) 3. 장면을 떠올리면서 걱정되는 부분이나 지점은 어느 부분인지 생각하고, 다시 등교할 때 걱정되는 문제란에 쓰도록 한다. 4. 걱정되는 문제들을 위해 준비해야 하는 것을 정리하도록 한다.
유의사항	걱정되는 문제 중 부족한 내용은 상담자가 상기시켜 줄 수 있으나, 학생이 그것을 문제로 받아들이지 않는다면 채택하지 않는다. 상담자와 함께 실제 장면을 상상하며 역할극 활동을 해보는 것도 가능하다.

| 참고문헌 |

강진령, 이종헌(2004). 상담교사의 역할 타당화. 2004 한국상담학회 연차대회 논문자료집, 280-293.

교육과학기술부(2008). 전문상담교사 운영 및 활동 매뉴얼.

교육부 보도자료(2012. 5. 29.). 학교 밖 청소년을 줄이기 위한 학업중단숙려제 도입.

교육부 보도자료(2013. 6. 24.). 학업중단숙려제의 운영 결과.

국립특수교육원(2009). 특수교육학 용어사전.

김유숙(1993). 가족치료에서 나타난 등교거부아동 가족의 특성. 한국가족치료학회지1(1), 105-120.

류남애, 유순화(2012). 전문계 고등학생의 등교거부 원인에 대한 Q방법론적 분석. 청소년학연구, 19(12), 201-230.

류방란(2007). 학교부적응 학생의 교육실태 분석 - 고등학생을 중심으로. 서울: 한국교육개발원.

박경숙(1999). 신경증적 등교거부아의 교육적 지원. 한국교육, 26(1), 129-163.

박귀연(1986). 등교거부 경향성을 지닌 학생의 성격특성에 대한 고찰. 영남대학교 일반대학원 석사학위논문.

박영배(1987). 등교거부아의 잠재적 원인분석. 진주교육대학교 논문집, 13, 76-95.

박지현(2009). 교사관계 및 또래관계가 청소년의 학업 중단에 미치는 영향. 경상대학교 일반대학원 석사학위논문.

박현숙(2004). 고등학교 일반학생과 등교거부 경험 학생간의 자아존중감과 사회적 지지 특성 비교. 창원대학교 교육대학원 석사학위논문.

배영태(2003). 학교 중도탈락의 선행요인과 판별. 청소년 상담연구, 11(2), 23-35.

백운학(1981). 초등학교 아동들의 등교거부 경향에 대한 요인 분석. 영남대학교 논문집, 14,

24-48.

신성민(2011). 부등교 문제에 관한 학생과 교사의 인식 및 부등교 실태에 관한 연구. 한국교원대학교 교육대학원 석사학위논문.

안동현(1991). 청소년기의 등교거부증. 대학의학협회지, 382(11), 1161-1165.

유성오(2010). 일반계 고등학생이 지각한 부모양육 태도 및 사회적 지지가 등교거부 경향성이 미치는 영향. 숙명여자대학교 교육대학원 석사학위논문.

이경호(2011). 고등학생 정서 · 행동문제 및 관련변인들이 등교거부성에 미치는 영향. 조선대학교 일반대학원 박사학위논문.

이상민, 안성희(2003). 학교상담자 무엇을 해야 하는가? 상담학연구, 4, 281-293.

이소희, 노경선, 김창기, 고복자(2000). 등교거부 청소년의 환경 및 심리상태. 신경정신의학, 39(6), 1036-1044.

전찬성(2011). 초등학생 등교거부 경향성 감소를 위한 집단상담 프로그램 개발. 한국교원대학교 교육대학원 석사학위논문.

정성경(1997). 중학생의 등교태만과 성격특성의 관계. 한양대학교 교육대학원 석사학위논문.

정종식(1994). 청소년기 학교 거부증. 논문집, 18, 29-43. 전남: 순천전문대학교.

조아미(2002). 청소년의 학업중퇴 의도 결정요인. 청소년학연구, 9(2), 1-22.

조철희(1988). 등교거부 경향성과 학교풍토 지각. 한양대학교 일반대학원 석사학위논문.

주덕제(1997). 고교생의 등교거부성 측정도구 개발과 그 타당화 연구. 인하대학교 교육대학원 석사학위논문.

최종혁, 이태경, 최지은(2001). 등교거부 청소년의 환경 및 정서적 특성에 관한 연구. 임상연구논문집, 12, 91-97.

탁수연(1997). 등교거부경험이 있는 학생의 가정환경에 관한 연구. 인하대학교 교육대학원 석사학위논문.

한국청소년상담복지개발원(2012). 학업중단숙려제 상담안내서.

한국청소년연구원(1992). 청소년문제론. 서울: 한국청소년연구원.

한영희(2008). 청소년의 정신건강이 등교거부 경향성에 미치는 영향. 명지대학교 일반대학원 박사학위논문.

한영희, 조아미(2008). 무단결석 청소년의 생활과 진로. 미래청소년학회지, 5(3), 29-53.

한홍석(1984). 등교거부아동의 적응행동 특성. 대구대학교 일반대학원 석사학위논문.

日本文部科學省(2006). 學校基本調查.

日本文部科學省(2009). 學校基本調查.

American Psychiatric Association (1995). 정신장애의 진단 및 통계 편람 제4판. (이근후 역). 서울: 하나의학사. (원전은 1994년에 출판)

Baker, M. L., Sigmon, J. N., & Nugent, M. E. (2001). Truancy reduction: Keeping students in school. U.S. *Department of Justice*, 3-17.

Bernstein, G. A. (1991). Comorbidity and severity of anxiety and depressive disorders in a clinic sample. *Journal of the American Academy of Child & Adolescent Psychiatry, 30*(1), 43-50.

Campbell, C. A., & Dahir, C. A. (1997). *The national standards for school counseling programs*. American School Counselor Association.

Elliott, J. G. (1999). School refusal issues of conceptualization, assessment, and treatment. *Journal of Child Psychology and Psychiatry, 40*(1), 1001-1012.

Gysbers, N. C. (1997). *Comprehensive guidence programs that work*. NC: ERIC Counseling and Personnel Services Clearinghouse.

Hersov, L. A. (1960). Refusal to go to school. *Journal of Child Psychology and Psychiatry, 1*, 137-145.

Johnson, A. M., Falstein, E. I., Szurek, S. A., Svendsen, M. (1941). School phobia. *The American Journal of Orthopsychiatry, 11*, 701-711.

Kearney, C. A. (2001). *School refusal behavior in youth: A fundamental approach to assessment and treatment*. Washington, DC: American Psychological Association.

Kearney, C. A. (2007). Forms and functions of school refusal behavior in youth: An empirical analysis of absenteeism severity. *Journal of Child Psychology and Psychiarty, 48*(1), 53-61.

Kearney, C. A., & Silverman, W. K. (1996). The evolution and reconciliation of taxonomic strategies for school refusal behavior. *Journal of the Clinical Psychology: Science and Practice, 3*(1), 339-354.

Kearney, C. A., & Wendy, K. S. (1995). Family environment of youngsters with school refusal behavior: A synopis with implication for assessment and treatment. *The American Journal of Family Therapy, 23*(1), 59-72.

Malcolm, H., Wilson, V., Davidson, J., & Kirk, S. (2003). Absence from School: A study of its causes and effects in seven LEAs. *Report 424*, Nottingham: DFES.

Myrick, R. D. (1993). *Developmental guidance and counseling: A practical approach*. Minneapolis, MN: Educational Media.

Myrick, R. D. (2003). *Developmental guidance and counseling: A practical approach* (4th ed.). Minneapolis, MN: Educational Media.

Robert, E. W. (2005). 현실요법의 적용. (김인자 역). 서울: 한국 심리상담연구소.

Schmidt, J, J. (2000). 학교상담. (노안영 역). 서울: 학지사. (원전은 1999년에출판)

두산백과사전(2003). http://www.doopedia.co.kr/

| 찾아보기 |

| 저자 소개 |

류남애(Ryu Nam-ae)
부산교육대학교 졸업
부산대학교 교육학 박사(교육심리 및 상담심리 전공)
현 내산초등학교 교사

유순화(Yoo Soonhwa)
미국 오하이오주립대학교 철학 박사(상담자교육 전공)
현 부산대학교 교육학과 교수
자격증 한국상담학회 수련감독급(대학) 상담사
         정신보건상담사 1급

등교거부 학생을 위한
학업중단숙려제 상담 프로그램
A Counseling Program for the Deliberation Period
before School Dropout

2016년 1월 20일 1판 1쇄 발행
2019년 12월 20일 1판 2쇄 발행

지은이 • 류남애 · 유순화
펴낸이 • 김진환
펴낸곳 • (주)**학지사**

　　　　04031 서울특별시 마포구 양화로 15길 20 마인드월드빌딩
대표전화 • 02)330-5114　　　팩스 • 02)324-2345
등록번호 • 제313-2006-000265호

홈페이지 • http://www.hakjisa.co.kr
페이스북 • https://www.facebook.com/hakjisa

ISBN 978-89-997-0601-1 93180

정가 15,000원

인터넷 학술논문 원문 서비스 **뉴논문** www.newnonmun.com

이 도서의 국립중앙도서관 출판시도서목록(CIP)은 서지정보유통지
원시스템 홈페이지(http://seoji.nl.go.kr)와 국가자료공동목록시스템
(http://www.nl.go.kr/kolisnet)에서 이용하실 수 있습니다.
(CIP제어번호: CIP2015035279)

학지사는 깨끗한 마음을 드립니다

상담학개론

김계현·김창대·권경인·황매향·
이상민·최한나·서영석·이윤주·
손은령·김용태·김봉환·김인규·
김동민·임은미 공저

2011년
4×6배판·양장·512면·20,000원
ISBN 978-89-6330-648-3 93180

상담심리학의 이론과 실제

전남대학교 노안영 저

2005년
4×6배판·양장·440면·18,000원
ISBN 978-89-5891-165-4 93180

상담심리학의 기초

이장호·정남운·조성호 공저

2005년
4×6배판변형·양장·416면·18,000원
ISBN 978-89-5891-168-5 93180

현대 심리치료와 상담 이론
－마음의 치유와
　성장으로 가는 길－

서울대학교 권석만 저

2012년
4×6배판·양장·552면·22,000원
ISBN 978-89-6330-926-2 93180

3판
상담심리학의 이론과 실제

천성문·이영순·박명숙·
이동훈·함경애 공저

2015년
4×6배판·양장·544면·20,000원
ISBN 978-89-997-0612-7 93180

상담심리학

Samuel T. Gladding 저
노성덕·김호정·이윤희·
윤은희·채중민·김병관 공역

2014년
4×6배판·반양장·776면·25,000원
ISBN 978-89-997-0268-6 93180

상담의 이론과 실제

김춘경·이수연·이윤주·
정종진·최웅용 공저

2010년
4×6배판·양장·520면·19,000원
ISBN 978-89-6330-517-2 93180

개정증보판
적용영역별 접근
상담심리학

서울대학교 김계현 저

1997년
4×6배판·양장·536면·18,000원
ISBN 978-89-7548-187-1 93180

상담의 기술
－탐색·통찰·실행의 과정－
원서 3판

Clara E. Hill 저
덕성여자대학교 주은선 역

2012년
4×6배판·양장·512면·20,000원
ISBN 978-89-6330-813-5 93180

상담 및 심리치료의 이해

Stephen Palmer 편저
김춘경·이수연·최웅용·
홍종관 공역

2004년
4×6배판·반양장·504면·18,000원
ISBN 978-89-7548-597-6 93180

상담 이론과 실제
－다문화 관점의 통합적 접근－

Allen E. Ivey·
Michael J. D'Andrea·
Mary Bradford Ivey 공저
김병석·김지현·최희철·선혜연 공역

2015년
국배판변형·반양장·608면·27,000원
ISBN 978-89-997-0577-9 93180

상담 및 심리치료의 기본기법

Jeanne Albronda Heaton 저
김창대 역

2006년
크라운판·양장·352면·16,000원
ISBN 978-89-5891-231-6 93180

상담실습자를 위한
상담의 원리와 기술

노안영·송현종 공저

2006년
크라운판·반양장·280면·14,000원
ISBN 978-89-5891-286-6 93180

상담기법

Rosemary A. Thompson 저
김춘경 역

2007년
4×6배판변형·반양장·616면·19,000원
ISBN 978-89-5891-374-0 93180

상담면접의 기초
－마음을 변화시키는 대화－

김 환·이장호 공저

2006년
크라운판·양장·376면·16,000원
ISBN 978-89-5891-247-7 93180

상담학 총서 시리즈 전 13권

한국상담학회 주관으로 127명 석학들의 연구를 집대성한 학술총서!

상담학 총서 시리즈는 상담학 이론과 사례를 아우르는 내용으로, 총 13권으로 구성되어 있다. 각 분야별 역사와 구체적 사례를 중심으로 이론의 적용을 깊이 있게 다루고 있어 상담학을 공부하는 학생과 전문가에게 실질적인 도움을 줄 것이다.

2013년 · 4×6배판변형 · 반양장 · 전권 정가 253,000원

상담학 개론

김규식 · 고기홍 · 김계현 ·
김성회 · 김인규 · 박상규 ·
최숙경 공저

448면 · 19,000원
ISBN 978-89-997-0021-7 93180

상담철학과 윤리

김현아 · 공윤정 · 김봉환 ·
김옥진 · 김완일 · 노성숙 ·
방기연 · 이장호 · 임정선 ·
정성진 · 정혜정 · 황임란 공저

456면 · 19,000원
ISBN 978-89-997-0022-4 93180

상담이론과 실제

양명숙 · 김동일 · 김명권 ·
김성회 · 김춘경 · 김형태 ·
문일경 · 박경애 · 박성희 ·
박재황 · 박종수 · 이영이 ·
전지경 · 제석봉 · 천성문 ·
한재희 · 홍종관 공저

616면 · 22,000원
ISBN 978-89-997-0023-1 93180

집단상담

정성란 · 고기홍 · 김정희 ·
권경인 · 이윤주 · 이지연 ·
천성문 공저

368면 · 17,000원
ISBN 978-89-997-0024-8 93180

부부 및 가족 상담

한재희 · 김영희 · 김용태 ·
서진숙 · 송정아 · 신혜종 ·
양유성 · 임윤희 · 장진경 ·
최규련 · 최은영 공저

408면 · 18,000원
ISBN 978-89-997-0025-5 93180

진로상담

김봉환 · 강은희 · 강혜영 ·
공윤정 · 김영빈 · 김희수 ·
선혜연 · 손은령 · 송재홍 ·
유현실 · 이제경 · 임은미 ·
황매향 공저

480면 · 20,000원
ISBN 978-89-6330-988-0 93180

학습상담

이재규 · 김종운 · 김현진 ·
박혜숙 · 백미숙 · 송재홍 ·
신을진 · 유형근 · 이명경 ·
이자영 · 전명남 공저

416면 · 18,000원
ISBN 978-89-997-0026-2 93180

인간발달과 상담

임은미 · 김지현 · 권해수 ·
김광수 · 김정희 · 김희수 ·
박승민 · 여태철 · 윤경희 ·
이영순 · 임진영 · 최지영 ·
최지은 · 황매향 공저

496면 · 20,000원
ISBN 978-89-997-0027-9 93180

성격의 이해와 상담

이수연 · 권해수 · 김현아 ·
김형수 · 문은식 · 서경현 ·
유영달 · 정종진 · 한숙자 공저

400면 · 18,000원
ISBN 978-89-997-0028-6 93180

정신건강과 상담

이동훈 · 고영건 · 권해수 · 김동일 ·
김명권 · 김명식 · 김진영 · 박상규 ·
서영석 · 송미경 · 양난미 · 양명숙 ·
유영달 · 이동혁 · 이수진 · 조옥경 ·
최수미 · 최의헌 · 최태산 공저

704면 · 25,000원
ISBN 978-89-997-0029-3 93180

심리검사와 상담

김동민 · 강태훈 · 김명식 ·
박소연 · 배주미 · 선혜연 ·
이기정 · 이수현 · 최정윤 공저

528면 · 21,000원
ISBN 978-89-997-0030-9 93180

상담연구방법론

고홍월 · 권경인 · 김계현 ·
김성희 · 김재철 · 김형수 ·
서영석 · 이형국 · 탁진국 ·
황재규 공저

392면 · 18,000원
ISBN 978-89-997-0031-6 93180

상담 수퍼비전의 이론과 실제

유영권 · 김계현 · 김미경 ·
문영주 · 손은정 · 손진희 ·
심흥섭 · 연문희 · 천성문 ·
최의헌 · 최한나 · 최해림 공저

416면 · 18,000원
ISBN 978-89-997-0032-3 93180

학지사는 깨끗한 마음을 드립니다

2판
학교상담과 생활지도
김계현 · 김동일 · 김봉환 · 김창대 ·
김혜숙 · 남상인 · 천성문 공저

2009년
4×6배판 · 양장 · 568면 · 20,000원
ISBN 978-89-6330-072-6 93180

개정판
한국형 초등학교
생활지도와 상담
한국초등상담교육학회 편
박성희 · 김광수 · 김혜숙 · 송재홍 · 안이환 ·
오익수 · 은혁기 · 이한종 · 임용우 · 조봉환 ·
홍상황 · 홍종관 · 황매향 공저

2014년
4×6배판 · 반양장 · 680면 · 23,000원
ISBN 978-89-997-0302-7 93370

학교상담과 생활지도
－이론과 실제－
강진령 저

2015년
4×6배판변형 · 양장 · 600면 · 21,000원
ISBN 978-89-997-0640-0 93180

학습상담
김동일 · 신을진 · 이명경 · 김형수 공저

2011년
4×6배판변형 · 양장 · 384면 · 18,000원
ISBN 978-89-6330-297-3 93370

2판
담임이 이끌어 가는
학급상담
청주교육대학교 박성희 저

2009년
크라운판 · 반양장 · 344면 · 13,000원
ISBN 978-89-6330-155-6 93180

2판
학교 또래상담
노성덕 저

2014년
크라운판 · 반양장 · 464면 · 18,000원
ISBN 978-89-997-0461-1 93180

2판
또래상담
이상희 · 노성덕 · 이지은 공저

2010년
크라운판 · 양장 · 352면 · 17,000원
ISBN 978-89-6330-364-2 93180

초등학교 저학년을 위한
학교상담 프로그램 I
강진령 · 유형근 공저

2004년
4×6배판변형 · 반양장 · 472면 · 18,000원
ISBN 978-89-5891-032-9 94180
　　　978-89-5891-031-2 (set)

초등학교 고학년을 위한
학교상담 프로그램 II
강진령 · 유형근 공저

2004년
4×6배판변형 · 반양장 · 560면 · 18,000원
ISBN 978-89-5891-033-6 94180
　　　978-89-5891-031-2 (set)

개정 중
중 · 고등학생을 위한
집단상담 프로그램
천성문 · 김남희 · 김정남 ·
박미선 · 박원모 · 배정우 ·
조정선 · 한미경 공편

2004년
4×6배판 · 반양장 · 544면 · 18,000원
ISBN 978-89-7548-241-0 93180

중학생을 위한
학교상담 프로그램
강진령 · 유형근 공저

2009년
4×6배판변형 · 반양장 · 584면 · 19,000원
ISBN 978-89-6330-024-5 93180

고등학생을 위한
학교상담 프로그램
강진령 · 유형근 공저

2009년
4×6배판변형 · 반양장 · 568면 · 19,000원
ISBN 978-89-6330-023-8 93180

등교를 거부하는 청소년
－평가와 처치를 위한
기능 중심 접근－
Christopher A. Kearney 저
임은미 · 강지현 · 김인규 ·
김지현 · 여태철 · 윤경희 ·
임진영 · 하혜숙 · 황매향 공역

2013년
신국판 · 반양장 · 432면 · 16,000원
ISBN 978-89-997-0136-6 93370

현장교사를 위한
학교상담 12가지 사례
(인성편)
김서규 저

2009년
신국판 · 반양장 · 320면 · 13,000원
ISBN 978-89-6330-030-6 93180

학교상담 사례연구
박경애 · 이재규 · 김혜원 · 조현주 ·
김인규 · 김춘경 · 김희수 · 신지영 ·
윤정혜 · 이한종 · 조봉환 · 조정연 ·
최태산 · 홍종관 공저

2013년
크라운판 · 반양장 · 400면 · 18,000원
ISBN 978-89-997-0106-1 93180

학지사는 깨끗한 마음을 드립니다

대학교수를 위한
학생상담 가이드북

강혜영 · 이제경 공저

2009년
크라운판 · 반양장 · 128면 · 10,000원
ISBN 978-89-6330-199-0 93180

대학생을 위한
상담플래너

Arthur E. Jongsma, Jr. ·
Camille Helkowski ·
Chris E. Stout 공저
강순화 역

2012년
4×6배판 · 반양장 · 328면 · 15,000원
ISBN 978-89-6330-660-9 93180

문제해결중심
단기학교상담

John J. Murphy ·
Barry L. Duncan 공저
김동일 역

2004년
신국판 · 양장 · 248면 · 12,000원
ISBN 978-89-7548-926-6 93180

ADHD 학교상담

George Dupaul · Gary Stoner 공저
김동일 역

2007년
크라운판 · 양장 · 416면 · 17,000원
ISBN 978-89-5891-459-4 93180

학습과 행동 문제 해결을 위한
학교 컨설팅

Thomas J. Kampwirth 저
김정섭 · 유순화 · 윤경미 공역

2010년
4×6배판변형 · 반양장 · 528면 · 20,000원
ISBN 978-89-6330-515-8 93370

다문화사회의 학교심리학

Danielle Martines 저
신현숙 · 이승연 · 이동형 공역

2011년
4×6배판 · 반양장 · 576면 · 20,000원
ISBN 978-89-6330-555-4 93370

2판
행복한 학교를 위한
학교집단상담의 실제

천성문 · 함경애 · 차명정 · 송부옥 ·
이형미 · 노진숙 · 김세일 · 이봉은 공저
2013년
4×6배판 · 반양장 · 432면 · 20,000원
ISBN 978-89-997-0224-2 93180

학교상담 교육실습 매뉴얼

천성문 · 박명숙 · 함경애 · 김미옥 공저

2014년
4×6배판변형 · 반양장 · 152면 · 10,000원
ISBN 978-89-997-0331-9 94180
　　　978-89-997-0310-2 (set)

학교상담 교육실습 일지

천성문 · 박명숙 · 함경애 · 김미옥 공저

2014년
국배판 · 반양장 · 56면 · 3,000원
ISBN 978-89-997-0312-6 94180
　　　978-89-997-0310-2 (set)

문제 유형별 학교상담 매뉴얼
978-89-6330-570-7 (set)

산만하고 충동적인 아이들
문제 유형별 학교상담 매뉴얼 ①

유형근 · 신효선 ·
김현경 · 이혜정 공저

2010년
크라운판 · 반양장 · 256면 · 15,000원
ISBN 978-89-6330-571-4 94180

집단따돌림에 갇힌 아이들
문제 유형별 학교상담 매뉴얼 ②

유형근 · 권순영 ·
신미진 · 이윤영 공저

2010년
크라운판 · 반양장 · 272면 · 15,000원
ISBN 978-89-6330-572-1 94180

외모와 비만으로 고민하는 아이들
문제 유형별 학교상담 매뉴얼 ③

유형근 · 신효선 · 김경미 ·
홍미경 · 황윤신 공저

2010년
크라운판 · 반양장 · 256면 · 15,000원
ISBN 978-89-6330-573-8 94180

자살하려는 아이들
문제 유형별 학교상담 매뉴얼 ④

유형근 · 김윤희 ·
강지혜 · 이유미 공저

2012년
크라운판 · 반양장 · 320면 · 15,000원
ISBN 978-89-6330-817-3 94180